崇文国学经典普及文库

CHONGWEN GUOXUE JINGDIAN PUJI WENKU

正　经

（清）宋宗元 著　叶满泉 译

長江出版傳媒｜崇文书局

图书在版编目（CIP）数据

正经/(清)宋宗元著；叶满泉译.—2版.—武汉：
崇文书局，2015.6 (2017.7重印)
（崇文国学经典普及文库）
ISBN 978-7-5403-3925-8

Ⅰ.①正… Ⅱ.①宋… ②叶… Ⅲ.①政治－谋略－中国－古代
②《正经》－译文 Ⅳ.①D691

中国版本图书馆CIP数据核字（2015）第110951号

长江出版传媒 Changjiang Publishing & Media | 崇文书局 Chongwen Publishing House
出品人：潘启胜

※

统　　筹：陈中琼
责任编辑：陈中琼　程　欣
出版发行：武汉市雄楚大街268号·湖北出版文化城主楼C座11层
营销：027-87293001　传真：027-87679712
印　　刷：湖北鄂南新华印刷包装有限公司
开　　本：710×1000　1/16
印　　张：15　　　字　　数：170千字
版　　次：2015年6月第2版
印　　次：2017年7月第5次印刷
定　　价：26.80元

总序

现代意义的“国学”概念，是在 19 世纪西学东渐的背景下，为了保存和弘扬中国优秀传统文化而提出来的。1935 年，王缁尘在世界书局出版了《国学讲话》一书，第 3 页有这样一段说明：“庚子义和团一役以后，西洋势力益膨胀于中国，士人之研究西学者日益众，翻译西书者亦日益多，而哲学、伦理、政治诸说，皆异于旧有之学术。于是概称此种书籍曰‘新学’，而称固有之学术曰‘旧学’矣。另一方面，不屑以旧学之名称我固有之学术，于是有发行杂志，名之曰《国粹学报》，以与西来之学术相抗。‘国粹’之名随之而起。继则有识之士，以为中国固有之学术，未必尽为精粹也，于是将‘保存国粹’之称，改为‘整理国故’，研究此项学术者称为‘国故学’……”从“旧学”到“国故学”，再到“国学”，名称的改变意味着褒贬的不同，反映出身处内忧外患之中的近代诸多有识之士对中国优秀传统文化失落的忧思和希望民族振兴的宏大志愿。

从学术的角度看，国学的文献载体是经、史、子、集。崇文书局的这一套国学经典普及文库，就是从传统的经、史、子、集中精选出来的。属于经部的，如《诗经》《论语》《孟子》《周易》《大学》《中庸》《左传》；属于史部的，如《战国策》《史记》《三国志》《贞观政要》《资治通鉴》；属于子部的，如《道德经》《庄子》《孙子兵法》《鬼谷子》《世说新语》《颜氏家训》《容斋随笔》《本草纲目》《阅微草堂笔记》；属于集部的，如《楚辞》《唐诗三百首》《豪放词》《婉约词》《宋词三百首》《千家诗》《元曲三百首》《随园诗话》。这套书内容丰富，而分量适中。一个希望对中国优秀传统文化有所了解的人，读了这些书，一般说来，犯常识性错误的可能性就很小了。

崇文书局之所以出版这套国学经典普及文库，不只是为了普及国学常识，更重要的目的是，希望有助于国民素质的提高。在国学教育中，有一种倾向需要警惕，即把中国优秀的传统文化“博物馆化”。“博物馆化”是20世纪中叶美国学者列文森在《儒教中国及其现代命运》中提出的一个术语。列文森认为，中国传统文化在很多方面已经被博物馆化了。虽然中国传统的经典依然有人阅读，但这已不属于他们了。“不属于他们”的意思是说，这些东西没有生命力，在社会上没有起到提升我们生活品格的作用。很多人阅读古代经典，就像参观埃及文物一样。考古发掘出来的珍贵文物，和我们的生命没有多大的关系，和我们的生活没有多大关系，这就叫作博物馆化。“博物馆化”的国学经典是没有现实生命力的。要让国学经典恢复生命力，有效的方法是使之成为生活的一部分。崇文书局之所以强调普及，深意在此，期待读者在阅读这些经典时，努力用经典来指导自己的内外生活，努力做一个有高尚的人格境界的人。

国学经典的普及，既是当下国民教育的需要，也是中华民族健康发展的需要。章太炎曾指出，了解本民族文化的过程就是一个接受爱国主义教育的过程：“仆以为民族主义如稼穑然，要以史籍所载人物制度、地理风俗之类为之灌溉，则蔚然以兴矣。不然，徒知主义之可贵，而不知民族之可爱，吾恐其渐就萎黄也。”(《答铁铮》)优秀的传统文化中，那些与维护民族的生存、发展和社会进步密切相关的思想、感情，构成了一个民族的核心价值观。我们经常表彰“中国的脊梁”，一个毋庸置疑的事实是，近代以前，“中国的脊梁”都是在传统的国学经典的熏陶下成长起来的。所以，读崇文书局的这一套国学经典普及读本，虽然不必正襟危坐，也不必总是花大块的时间，更不必像备考那样一字一句锱铢必较，但保持一种敬重的心态是完全必要的。

期待读者诸君喜欢这套书，期待读者诸君与这套书成为形影相随的朋友。

陈文新

（教育部长江学者特聘教授，武汉大学杰出教授）

前言

《正经》是一部讲述我国古人应事接物、立身处世的方法和技巧的历史书籍，也是一部研究社会、探索人生的谋略之书。全书共收录了五百多个历史故事，大多采自春秋战国以来较为可信的史书，故事中的人物事迹往往真实可考，可让我们从另一个侧面了解我国古代社会和古人的生活。更重要的是，它所选取的故事都涉及不同时代的人们处理各种问题的方法和经验，几乎囊括了人生的各种境遇和不同阶段的主要问题，其中包含的处世智慧和技巧颇能给人启迪，为我们提供了一面可资借鉴的镜子。

从内容上看，《正经》将历史上的那些富含人生智慧的典型事例分门别类，从三十个方面予以编排和总结。前九卷从涉足政坛所应具备的远见卓识谈起，直到与人交往时的辨奸识恶、图谋进取时的韬光养晦、筹划事务时的深谋远虑、处理事情时的周到细致，以及为政处世时所需的恢弘气度、宽容精神、博爱胸怀等，侧重于从个人的行为修养来探究处世立身、为官做人之道。后二十一卷涉及从政技巧、用人原则、理财之术、驭人之法、用兵之道以及断案、赈灾、进谏、平叛、避嫌等诸多方面。

《正经》的作者宋宗元，字鲁儒，清末长洲（今江苏省苏州市）人。他曾在清末为官，是名闻一时的大学士，深受儒家传统文化的影响。他将其所编撰的著作命名为《正经》，旨在表明该书是一本探讨君子处世立身之道的书。因而《正经》不以阴谋权术蛊惑人心，而是注重“正心术”的奇谋异智，倡导“光明磊落，如青天白日”的为人处世风尚。所以《正经》就不只是一部讲述立身处世方法和谋略的实用书籍，而且还是一部反映我国传统人生智慧和人生价值追求的优秀读物。

《正经》的每个故事后面都附有作者的按语，其中部分篇目下有作者的原序。我们在编译时保留了原序，省去了按语，删去了一些故事，还对原文的编排顺序作了部分调整。翻译时我们以直译为主，个别难以直译的地方则辅以意译，力求准确、流畅，便于读者阅读。

因水平有限，译文难免有不当、不妥之处，恳请读者批评指正！

contents

目录

卓鉴第一

【提要】

本卷所选取的四个故事分别从初入仕途、身居高位、与同事交往、避开政治旋涡等几个方面，告诫从政者要善于洞烛先机，具备远见卓识。

【原文】

目虽明不能见其睫，蔽于近也；登高而望远，视非加察而瞭若指掌。人之识量相万，岂不信欤？懵者暗于当事，智者烛于先机，如鉴所悬，维高莫掩矣。夫前人已事，卓尔有立，其辨妍媸，规得失，料成败，超超乎鉴无遗照者。余不敏，窃愿于此借鉴焉，爰约勗而备论之。

【译文】

眼睛虽然明亮，但不能看到自己的睫毛，这是由于距离太近；登高远望，视力并没有增加，然而看远处却好像看手掌一样清楚。人们观察、认识事物的能力千差万别，这一点难道能不承认吗？糊涂的人不明白眼前的事情，聪明的人却能洞察先机。认识能力就像悬挂一面明镜，角度越高越无法遮掩住它的光明。前人的经历中，有不少突出事件，他们辨别好坏、区分得失、预测成败，高超得像明镜般一览无余。我并不聪明，很愿意在此以历史实例作借鉴，从中选择一些出来并一一加以论述。

【原文】

宋范纯夫言：“曩子弟赴官，有乞书于蜀公者。蜀公不许，曰：‘仕宦不可广求，人知受恩多，难立朝矣。’”

【译文】

宋代的范纯夫说：“从前，蜀公子弟中有人要赴官上任，向他请求题字，蜀公不答应。蜀公说：‘当官的人不能到处求人，别人知道你受人恩惠多，你就难以在官场立足了。’”

【原文】

汉马援尝谓梁松、窦固曰：“凡人贵当可贱，如卿等殆不可复贱，居高坚自持，勉思鄙言。”松后果以贵满致灾，固亦几不免。

【译文】

东汉的马援曾经对梁松、窦固说：“普通人富贵之后应当经受得起贫贱，可你们却不可以再过贫贱的生活。身处高位要牢牢把握好自己，希望你们好好考虑我的话。”梁松后来果然因为过度富贵而招致灾祸，窦固也差一点如此。

【原文】

汉建武中，诸王皆在京师，竞修名誉，招游

士。马援谓吕种曰："国家诸子并壮，而旧防未立，若多通宾客，则大狱起矣。卿曹戒慎之。"后果有告诸王宾客生乱。帝诏捕，更相牵引，死者以千数。种亦与祸，叹曰："马将军神人也！"

【译文】

东汉建武(25—56)年间，各诸侯王都住在京城，竞相树立自己的名声，招揽游说之士。马援对吕种说："朝廷和各诸侯王同时壮大，而原来的防范措施却没有建立起来。如果过多地招揽宾客，大的案件就会兴起。你们应该谨慎小心。"后来果然有人告发各诸侯王的宾客作乱造反。皇帝下令逮捕，加上相互牵连告发，被处死的有上千人。吕种也因此而遭祸，他感叹地说："马援将军真是神人呀！"

【原文】

申屠蟠生于汉末，游士汝南范滂等，非讦朝政，自公聊以下，皆折节下之。太学生争慕其风，以为文学将兴，处士复用。蟠独叹曰："昔战国之世，处士横议，列国之王，互相拥篲先驱，卒有坑儒焚书之祸，今之谓矣！"乃绝迹于梁砀山间，因树为屋，自同佣人。居二年，滂等果罹党锢，或死或刑，惟蟠超然免于评论。

【译文】

申屠蟠生于汉朝末年。游士汝南郡范滂等人攻讦朝政，评论是非，从公卿以下的官员们都奉迎跟随。太学生们都争相仰慕他的作风，认为文人学士即将执掌朝政，在野的士子又将被启用。申屠蟠独自感叹说："以前战国时代，士子们各发议论，各国的君王相互争着对他们表示礼遇，不惜亲自手持扫帚清扫道路、亲自驾车相迎，最终引发了秦朝焚书坑儒的灾祸。如今的状况也与当时一样。”申屠蟠于是隐居在梁国的砀山中，靠树建屋，自己同佣人一样地干活。申屠蟠隐居仅仅只有两年，范滂等人果然遭受党锢之祸，有的被处死，有的被处以其他刑罚。只有申屠蟠不在党锢之列，免于被怀疑议论朝政。

辨奸第二

【提要】

本卷根据辨别奸恶的难易程度和危害大小，通过一些具体的实例，对于公开作恶与暗地为非作歹的两类奸人予以区分、辨别，告诫从政者面对宵小奸恶时所应采取的立身处世之道。

【原文】

太公封于齐。齐有华士者，义不臣天子，不友诸侯，人称其贤。太公使人召之三，不至，命诛之。周公曰：“此齐之高士也，奈何诛之？”太公曰：“夫不臣天子，不友诸侯，望犹得臣而友之乎？望不得臣而友之，是弃民也；召之三，不至，是逆民也。使一国效之，望谁与为君乎？”

【译文】

姜太公被封于齐国。齐国有位名叫华士的人，他既不臣服于天子，也不亲近诸侯，人们称赞他为贤人。姜太公多次派人召见他，他都不来，于是下令诛杀他。周公说："他是你们齐国的一位高士，为什么要杀他呢？"太公说："他既不臣服于天子，也不亲近诸侯，我还能使他成为臣子且与我友好吗？我不能使他成为臣子且与我友好，他就是被抛弃的人；我召他多次他都没有来，他就是叛逆的民众。如果全国的人都效仿他，那我还给谁做国君呢？"

【原文】

管仲有疾，桓公往问之曰："仲父疾矣，将何以教寡人？"管仲对曰："愿君之远易牙、竖刁、常之巫、卫公子启方。"公曰："易牙烹其子以慊寡人，犹尚可疑耶？"对曰："人之情孰不爱其子也？其子之忍，又何有于君？"又曰："竖刁自宫以近寡人，犹尚可疑耶？"对曰："人之情孰不爱其身也？其身之忍，又何有于君？"公又曰："常之巫审于死生，能去苛病，犹尚可疑耶？"对曰："死生，命也；苛病，失也。君不任其命，守其本，而恃常之巫，彼将以此无不为也。"公又曰："卫公子启方事寡人十五年矣，以父死而不敢归哭，犹尚可疑耶？"对曰："人之情孰不爱其父也？其父之忍，又何有于君？"公曰："诺。"管仲死，尽逐之。食不甘，宫不治，苛病起，朝不肃。居三年，公曰："仲父不亦过乎？"于是皆复召而返。明年公有病，常之巫从宫出曰："公将以某日薨。"易牙、竖刁、常之巫相与作乱，塞宫门，筑高墙，不通人，公求饮

不得。卫公子启方以书社四十下卫。公闻乱，慨然流涕曰：“嗟乎！圣人所见，岂不远哉！”

【译文】

管仲生了病，齐桓公前去探望他，问道：“仲父您病情严重了，对我有什么教诲的话要说吗？”管仲说：“希望您远离易牙、竖刁、常之巫、卫公子启方。”齐桓公说：“易牙烹煮了他的儿子来满足我的欲望，对他难道还有什么可怀疑的吗？”管仲回答说：“从人的情感来说，谁不爱自己的儿子呢？既然他能忍心烹煮自己的儿子，那么将来对您还会有什么不忍心的呢？”桓公又说：“竖刁甘愿自处宫刑成为太监来宫中侍奉我，对他有什么可怀疑的吗？”管仲说：“从人的情感来说，谁不爱惜自己的身体呢？他能使自身忍受那样的痛苦，那么对您还会有什么不忍心的呢？”齐桓公又说：“常之巫能预见人的死生，又能治疗疾病，对他有什么可怀疑的吗？”管仲回答说：“人的死生是命中注定的，生病是阴阳失调的结果。国君您不听任天命，守其本分，而只是依靠常之巫，他将会凭着这一点而无所不为。”齐桓公又说：“卫公子启方侍奉我已经十五年了，他的父亲去世后，他都不敢回去哭丧，对他难道还有什么可怀疑的吗？”管仲回答说：“从人的情感来说，谁不爱他的父亲呢？对他的父亲能够这样，那么将来对您还会有什么不忍心的呢？”齐桓

公说:“对。”管仲死后，齐桓公把易牙等人都驱逐出宫。这时齐桓公觉得吃饭无味，宫中事务得不到治理，身体的各种毛病出现了，国家的大事也混乱了。过了三年，齐桓公说:“仲父的话不也是言过其实了吗？”于是又把易牙等人都召了回来。第二年齐桓公生了病，常之巫从宫中出来说:“桓公将会在某一天死去。”于是易牙、竖刁、常之巫共同叛乱，他们堵塞了宫门，筑起了高墙，禁止人通行，齐桓公请求喝水都不能得到。卫公子启方带领四十书在归降卫国。桓公听说四人作乱，感慨地流着眼泪说:“唉，圣人的见识，真是太深远了！”

【原文】

唐肃宗子建宁王倓，性英果，有才略。上自马嵬北行，兵众寡弱，屡逢寇盗。倓自选骁勇居上前后，血战以卫上。上或过时未食，倓悲泣不自胜，军中皆属目向之。上欲以倓为天下兵马元帅，使统诸将东征。李泌曰：“建宁诚元帅才，然广平兄也。若建宁功成，岂使广平为吴泰伯乎？”上曰：“广平，家嗣也，何必以元帅为重？”泌曰：“广平未正位东宫，今天下艰难，众心所属在于元帅。若建宁大功既成，陛下虽欲不以为储副，同立功者其肯已乎？太宗太上皇，即其事也。”上乃以广平王为天下兵马元帅，诸将皆以属焉。倓闻之，谢泌曰：“此固倓之心。”

【译文】

唐肃宗的儿子建宁王李倓，性格英明果断，有雄才和谋略。他跟从皇上从马嵬向北行，兵众人数少而且都是老弱，常常遇上盗寇袭击。

李倓亲自挑选了一些骁勇的士兵，护卫在皇上前后，浴血奋战来保卫皇上。皇上有时过了吃饭的时间还没有吃上饭，李倓便悲痛不已，掉下泪来，军中将士都瞩目他的行为。皇上想让李倓担任天下兵马元帅，统领将士东征。李泌说："建宁王确实有元帅的才干，但广平王是兄长。如果建宁王功成名就，难道要让广平王成为吴泰伯一样的出逃者吗？"皇上说："广平王是皇位继承人，何必看重元帅这一职位？"李泌说："广平王还没有正式入主东宫，如今天下没有平定，众心所归都在兵马大元帅这一职位。如果建宁王大功告成，陛下您虽然不想把他作为皇位的继承人，与他一同立功的那些人肯轻易答应吗？太宗皇帝继承太上皇的皇位就是这种事例。"皇上于是就任命广平王为天下兵马元帅，诸将都归他统领。李倓知道这事后，感谢李泌说："这本来就是我李倓的心愿啊！"

【原文】

明少保胡世宁，为左都御史掌院事。时当考察，执政请禁私谒。公言："臣官以察为名，人非接其貌，听其言，无以察其心之邪正，才之长短。若摒绝士夫，徒按考语，则毁誉失真，而求激扬之当，难矣！"上是其言，不禁。

【译文】

明朝少保胡世宁，担任左都御史执掌督察院事务。当时正要对官员们进行考察，执政官要求他禁绝私人拜见。他说："我的职责是监察，考察某人，如果不看其容貌，观其举止，听其言谈，就没有办法考察出他心术的邪正和才能的大小。如果禁止接触那些官员，只按评语评定，那就会毁誉失真。而要据此将奖惩措施掌握得很恰当，就更困难了。”皇上认为他说得对，不再禁止督察院官员与其他官员的来往。

【原文】

曹魏时，何晏、邓飏、夏侯元并求傅嘏交，而嘏终不许。诸人乃因荀粲说合之，谓嘏曰：“夏侯太初，一时之杰士，虚心于子，而卿意怀不可交，合则好成，不合则致隙。二贤若睦，则国之休，此蔺相如所以下廉颇也。”傅曰：“夏侯太初，志大心劳，能合虚誉，诚所谓利口覆国之人。何晏、邓飏，有为而躁，博而寡要，外好利而内无关钥，贵同恶异，多言而妒前。多言多衅，妒前无亲。以吾观之，此三子者，皆败德之人尔，远之犹恐罹祸，况可亲之耶？”后皆如其言。

【译文】

曹魏时，何晏、邓飏、夏侯元都想和傅嘏结交，而傅嘏始终不答应。几个人便通过荀粲进行说合。荀粲对傅嘏说：“夏侯太初是当今的豪杰之士，他虚心同您结交，但您不愿和他结交。假如你们相互结交，一切事情便能好办；你们如果不交结，那就会产生感情上的裂痕。两位贤士如果关系和睦，对国家也是件好事，这就是蔺相如对廉颇表示谦让的原因。”傅嘏说：“夏侯太初这个人，志向远大而心思过多，喜好虚誉，确实是所谓能言善辩覆亡国家的人。何晏、邓飏有点作为，

然而性格急躁，虽然博学但却不得要领，喜好追求私利而内心无是非标准，党同伐异，爱好多说而忌妒别人。多说闲话，带来的祸患就会多；忌妒别人，就会没有人亲近。按照我的看法，这三个人都是道德败坏的人，疏远他们都怕遭到祸患，更何况亲近他们呢！”后来的情况，都如傅嘏所说的那样。

【原文】

宋神宗时，王安石行新法，任用新进。司马温公贻以书曰：“忠信之士，于公当路时，虽龃龉可憎，后必得其力；谄谀之人，于今诚有顺适之快，一旦失势，必有卖公以自售者。”已而，吕惠卿代安石为相，果如温公言。

【译文】

北宋神宗的时候，王安石推行新法，任用新得科第的人。司马温公给他写信说：“讲忠信的人，在您掌权的时候，虽然彼此合不来觉得可恨，但日后必然会得到他们的帮助；谄谀奉承的小人，如今对您确实有顺心适意的愉快，但一旦您失势，必然会出卖您来表现自己。”后来，吕惠卿代替王安石做了宰相，情况果然如温公所说的那样。

藏锋第三

【提要】

本卷通过列举大量的事例表明，藏锋不仅指个人在仕途上图谋进取时的深藏不露，得势显赫时掌握恰当的进退尺度，与人交往时留有余地，还包括处理事情和使用人才时的深谋远虑等。藏锋对处世治国来说可谓妙用无穷。

【原文】

宋曹玮久在秦州，累章求代。真宗问王旦谁可代者，旦荐李及。上从之。众咸谓及虽谨厚有行检，非守边才。杨忆以众言告旦，旦不答。及至秦州，将吏心亦轻之。会有屯驻禁军白昼掣妇人银钗于市，吏执以闻。及方观书。召之使前，略加诘问，其人服罪。及不复下吏，亟命斩之，复观书如故。将吏俱惊服，不日声誉达京师。忆闻之，复见旦曰："向者相公初用及，外廷之议皆恐及不胜其任。今及才器乃如此，信乎相公知人之明也。"旦笑曰："外廷之议何浅也！夫以禁军戍边，白昼为盗于市，主将斩之，事之常也。旦之用及者，非为此也。夫以玮知秦州七年，羌人詟服。边境之事，玮处之

已尽其宜矣。使他人往，必矜其才能，多所变置，败玮成绩。且所以用及者，以及重厚，必能谨守玮之规模而已。”亿由是服旦之识。

【译文】

北宋时，曹玮因长久驻守秦州，多次上书朝廷请求派人接替。宋真宗问王旦谁可以前去接任，王旦推荐了李及，宋真宗同意了。大家都认为李及虽然为人忠厚，行为谨慎检点，但并非戍守边疆的人才。杨亿把大家的这番议论告诉了王旦，王旦也没有说什么。李及到秦州上任后，将士、官吏也都轻视他。这时正赶上驻守在秦州的禁军中，有人白天在大街上拔取妇女头上的银钗，官吏把此人捉住后报告给李及。李及这时正在看书，听到这事后，把此人叫来略加盘问，此人供认了罪行。李及不再交付司法官吏审讯，马上命令将此人斩首，然后又像刚才一样看书。这件事让将士和官吏都很震惊、佩服。不几天，赞扬的话语传到了京城。杨亿听到后又去拜见王旦，并说：“当初您任用李及时，朝官们都议论说李及不能胜任，现在看来李及的才能气度竟这样大，大家都相信您的知人之明了。”王旦笑着说：“朝官们的议论是何等浅陋！禁军戍守边疆，大白天竟然在街市上当强盗，主将把他斩首，这是非常平常的事。我任用李及不是因为他能处理好这种事。曹

玮治理秦州七年，羌人畏惧服从，边境上的事情都处理得非常好。假使派别人去，必然自以为有才能，办事多有变化，以致败坏曹玮治理秦州时所取得的成绩。我之所以任用李及，是因为李及忠诚老实，必然能严格地按曹玮制定的规矩办事罢了。”杨亿由此佩服王旦的见识。

【原文】

宋杜祁公有门生为县令，戒之曰：“子之才器，一县令不足施。然切当韬晦，无露圭角，毁方瓦合，求合于中可也。不然无益于事，徒取祸耳。”门生曰：“公生平以直亮忠信取重天下，今反诲某以此，何也？”公曰：“衔历仕多，历年久，上为帝王所知，次为朝野所信，故得以申其志。今子为县令，卷舒休戚，系之长吏，夫良二千石者固不易得。若不见知，子乌得以申其志？徒取祸耳。予故以是为子勗也。”

【译文】

宋代的杜祁公有位学生担任县令，杜祁公告诫他说：“按照你的才能，区区一个县令不足以施展你的才干。但是千万要注意韬光养晦，不要锋芒毕露，要磨毁自己玉圭般的方角要瓦器般的众人相融合，只求马马虎虎合于中等程度就行了。不然的话无益于事，只能招致祸患。”学生说：“您一生凭着自己的耿直、磊落、忠厚、诚信赢得了天下人的敬重，现在反而用这些话来教导我，这是什么原因呢？”杜祁公说：“我一生所任的官职多，年代久，上被皇上所知，下被朝野人士所信任，所以才得以施展自己的抱负。而今你只做了县令，进退喜忧，都掌握在上级长官的手中，像二千石俸禄那样的官位对你来说也是不容易得到的。如果不被上级长官了解，你怎么能够得以施展自己的抱负？只能招来祸端。因此，我把这些话作为对你的勉励。”

【原文】

唐武攸绪，后族也，则天称制改号，封为平安王。嗣圣十三年，弃官。隐于嵩山之阳，优游岩壑，冬居茅椒，夏居石室，太后所赐服器皆置不用，买田使奴耕种，与民无异。

【译文】

唐代的武攸绪，是皇后的同族人。武则天登上皇位改换年号之后，武攸绪被封为平安王。在嗣圣十三年（696），武攸绪放弃官职，隐居在嵩山的南面，悠然游历在山石之间。冬天住茅屋，夏天住石洞。太后赏给他的服饰、器具都放着不用。自己买下田地，雇佣奴仆耕种，和普通百姓没有什么分别。

【原文】

宋狄青奉命征侬智高，谏官韩绛请以侍从文臣为之副。时庞籍独为相，对曰：“属者王师屡败，皆由大将望轻，偏裨自用不能制也。青起于行伍，若以侍从之臣副之，号令复不得行。青沉勇有智略，专以委任，必能办贼。”诏从之。

【译文】

宋朝的狄青奉命征讨侬智高，谏官韩绛提出让侍从文臣作狄青的副将。当时，只有庞籍一人担任宰相，他说：“从前，朝廷的军队屡屡打败仗，都是因为主将轻视副将，自以为是，不能有所牵制。狄青是行伍出身，如果让一位侍从文臣作他的副将，命令还是不能执行。狄青沉着勇敢，有智慧谋略，专门委以重任必然能够惩治贼人。”皇帝下诏同意这样做。

【原文】

明杨文定公溥执政时，其子自乡来省，至京邸，公问曰：“一路守令闻孰贤？”其子曰：“儿道出江陵，其令殊不贤。”曰：“云何？”曰：“待儿苟简甚矣。”乃天台范理也。文定默识之，即荐升德安府知府，甚有惠政，再擢为贵州左布政使。或劝范当致书谢公，范曰：“宰相为朝廷用人，非私理也，何谢？”竟不致一书。逮后文定卒，乃祭而哭之，以谢知己云。

【译文】

明朝的文定公杨溥执掌朝政时，他的儿子从家乡来看望他，到了京城寓所，文定公问他的儿子说：“你一路上听说哪个太守或县令贤明一些？”儿子回答说：“我途经江陵，那里的县令非常不好。”文定公问道：“为什么这么说呢？”儿子回答说：“他招待我特别简单。”他就是天台的范理。文定公记住了他，就推荐他任德安府知府，政事办理得非常好，后又提升他为贵州左布政使。有人劝范理应当写封信感谢文定公，范理说：“宰相为朝廷任用人才，不是对我范理有私情，我要谢什么呢？”就这样，范理连一封信也没有写过。后来，文定公去世了，范理才去祭奠他，并痛哭了一场，以感谢文定公的知遇之恩。

【原文】

《北史》：吐谷浑阿柴疾，有子二十人，召母弟慕利延曰："汝取一只箭折之。"慕利延折之。又曰："汝取十九箭折之。"慕利延不能折。阿豺曰："汝曹知乎？单者易折，众者难摧。戮力同心，然后社稷可固。"

【译文】

《北史·吐谷浑列传》记载：吐谷浑阿柴有二十个儿子，有一天他生了病，把同母弟慕利延叫来说："你取一支箭把它折断。"慕利延取来一枝箭把它折断了。阿豺又说："你取十九支箭，再把它们同时折断。"慕利延不能把十九支箭同时折断。阿豺说："你们知道吗？一支箭很容易折断，很多箭就不容易折断。只要你们齐心协力，那么国家就可以稳固。"

【原文】

唐制：尚书令史不得宿外，夜则锁之。韩愈为吏部侍郎，乃曰："人所以畏鬼，以其不见鬼；如可见，则人不畏矣。选人不得见令史，故令史势重，任其出入则势轻。"自后乃不复禁。

【译文】

唐朝的官制规定：尚书令史不得在外住宿，夜间就把他们锁起来。韩愈担任吏部侍郎时说："人们害怕鬼的原因，是因为他们看不到鬼；如果人们经常看到鬼，那么他们也就不怕鬼了。选拔的官吏见不到尚书令史，所以令史的权势重大；如果任凭他们自由出入，那么他们的权势就会变轻。"自从韩愈说过这话以后，令史的出入不再受到限制。

【原文】

元巴东僧得一青瓷碗，携归折花供佛前，明日花满。其中置少米，经宿米亦满，银及钱皆然，自是院中富盛。院主年老，一日取碗掷于江，弟子惊愕。师曰：“吾死，汝辈宁能谨饬乎？弃之不使汝辈增罪也。”

【译文】

元朝时，巴东有一个和尚，得到了一只青瓷碗，带回去后插上花供奉在佛像前，第二天碗中的花满了。他在碗中放了少许米，经过一夜，碗里的米也满了。放上银子和钱，也是这样。从此寺院特别富有。院主年老后，一天他把这只碗掷到江中，弟子们都感到非常惊愕。师父说：“我死了以后，你们能保证将这只碗得到的钱财使用得很有分寸吗？我现在把它扔掉，就是为了不使你们增加罪过罢了。”

【原文】

宋李太宰邦彦，起家于银工。既贵，其母尝语昔事，诸孙以为耻。母曰：“宰相家出银工则可耻，银工家出宰相，正为嘉事，何耻焉？”

【译文】

宋朝的太宰李邦彦，出身于制作银器的工匠家庭。他显贵以后，母亲常常提起过去的事情，孙儿们认为过去的事情让他们感到耻辱。李母就说：“宰相家出制作银器的工匠才可耻呢！银工家出了个宰相，正是好事，有什么可耻的呢？”

【原文】

宋曹武惠王既下金陵，降后主，复遣还内治行。潘美忧其死，不能生致也，止之。王曰："吾适受降，见其临渠犹顾左右扶而后过，必不然也。且彼有烈心，自当君臣同尽，必不生降。而又安肯死乎？"

【译文】

北宋的曹武惠王攻下金陵后，迫使南唐后主投降，然后让他回宫准备行装，押回宋都。潘美担心后主回宫后自杀，不能生擒到宋都，就阻止这样做。武惠王说："我刚才接受他投降的时候，看见他走近水渠时还顾盼身边的随从，就有人来搀扶着他渡过了水渠，据此可断定他肯定不会自杀。再说，如果他有刚烈之心，在城被攻破时早就与臣子们同归于尽了，必定不会活着投降。因而又怎么会去自杀呢？"

【原文】

吴丹阳太守李衡，数以事侵琅琊王，其妻习氏谏之不听。及琅琊王即位，衡忧惧不知所出。妻曰："王素好善慕名，方欲自显于天下，终不以私嫌杀君，明矣。君宜自囚诣狱，表列前失，明求受罪。如此当逆见优饶，非止活也。"衡从之。吴主诏曰："丹阳太守李衡，以往事之嫌自拘，司狱其遣衡还郡。"

【译文】

吴国丹阳太守李衡，多次因事冒犯琅琊王，他的妻子习氏多次劝阻他，他都不听。后来琅琊王做了国君，李衡忧愁恐惧，不知如何是好。他的妻子说："琅琊王平常乐闻善言仰慕名声，正想自我扬名天下，他不会因私人之间的恩怨而杀掉你，这是很明显的。你现在应该主动把自己囚禁起来，上表自己以前多次冒犯他的情况，公开请求甘愿接受惩罚。这样以请求治罪的名义要求国君接见，反而会受到国君的优待，不只让你活命了。"李衡听从了妻子的建议。果然，吴主宽容地说："丹阳太守李衡，因为以前冒犯的事主动要求治罪，你们负责审理案件的官员，还是应当让他回到丹阳郡继续做太守。"

【原文】

明分宜严相，以正月二十八日诞。亭州刘巨塘令宜春，时入觐，随众往祝。祝后严相倦，其子世蕃令门者且阖门，刘不得出，饥甚。有严辛者，严氏纪纲仆也，导刘往闲道过其私居。留刘公饭，饭已，辛曰："他日愿台下垂目。"刘公曰："汝主正当隆赫，我何能为？"辛曰："日不常午，望台下无忘今日之托。"不数年，严相败，刘公适知袁州，辛方以赃二万滞狱。刘公忆其昔语，为减赃若干，始得戍。

【译文】

明朝分宜人宰相严嵩，正月二十八日这天过生日。亭州人刘巨塘时任宜春县县令，这天到京城朝见皇帝后，就随众人一起前去给严嵩拜寿。祝寿完毕，严嵩感到困倦，其子严世蕃就命令守门人关闭了相府大门。刘巨塘出不去，肚子又特别饥饿。当时有个名叫严辛的人，是严嵩的仆人，他领着刘巨塘绕小道来到自己的住处，留刘巨塘吃饭。吃完饭，严辛说："日后希望您多加照顾。"刘巨塘说："你的主人正当显赫，我能为你做什么呢？”严辛说道：“太阳不会像在中午那样永远光亮。希望您今后不要忘了我今日的拜托。”没过几年，严嵩倒台。当时刘巨塘刚好任袁州知府，严辛因贪赃两万被关押在狱中。刘巨塘念起他昔日的话语，定罪时就替他减去赃款若干。这样严辛才得以活命，只被处以戍守边疆。

远虑第四

【提要】

本卷主要从个人行为与国家政策两个角度，谈论为官施政不应受当前利益的驱使和影响，而要着眼长远，做到深谋远虑。

【原文】

为一身计者，谋止一身；为一家计者，谋止一家；为天下计者，谋及天下。若夫一日之纬繣，终身用之，数世赖之，则故非衮衮小知之所及矣。《语》曰：“人无远虑，必有近忧。”《诗》曰：“远猷辰告。”盖以见目前之不可狃也。

【译文】

为个人打算的人，仅仅只会考虑到自身；为一家人打算的人，也只会考虑到全家；而为天下人打算的人，那就会为天下人谋划。至于说到那种一日谋划而终身受用无穷，甚至几代人都能依赖的谋略，那本来就不是众多的小智谋所能比得上的。《论语》说：

“人没有深远的计虑，必定有近在眼前的忧患。”《诗经》也说：“远大的谋略要即时告诫。”这些都说明，人不可只贪图眼前而忘记长远。

【原文】

齐人攻鲁，由单父。单父之老请曰：“麦已熟矣，请任民出获，可以益粮，且不资寇。”三请而宓子不许。俄尔齐寇逮于麦。季孙怒，使人让之。宓子蹙然曰：“今兹无麦，明年可树。若使不耕者获，是使民乐有寇。夫单父一岁之麦，其得失于鲁不加强弱。若使民有幸取之心，其创必数世不息。”季孙闻而愧曰：“地若可入，吾岂忍见宓子哉！”

【译文】

齐国人进攻鲁国，经过单父。单父地区的年长者谋划说：“麦子已经成熟了，请让老百姓出去任意收割，这样既可以增加战前的粮食储备，又不会资助敌寇。”多次请求，单父的长官宓子也没有允许。没过多久，齐国的贼寇攻占了麦田。执政官季孙氏对此非常生气，就派人去责备宓子。宓子皱着眉头说：“今年没有麦子，明年还可以再种。假如让没有耕种麦田的百姓也去收麦子，这就会使百姓乐于有敌寇来侵略。单父地区一年收获的小麦，其得失对于鲁国来说没有什么大不了的。假如使百姓产生了侥幸的心理，那种祸患必然在几代人身上都不会停止。”季孙听了以后惭愧地说：“我要是能钻入地下，哪会再有面目见宓子呢？”

【原文】

鲁国之法，鲁人为人臣妾于诸侯，有能赎之者，取金于府。子贡赎鲁人于诸侯，而让其金。孔子曰："赐失之矣。夫圣人之举事，可以移风易俗，而教道可施于百姓，非独适己之行也。今鲁国富者寡而贫者多，取其金，则无损于行；不取其金，则不复赎人矣。"子路拯溺者，其人拜之以牛，子路受之。孔子喜曰："鲁人必多拯溺者矣。"

【译文】

鲁国的法律规定，凡是鲁国人在诸侯国做了人家的臣妾，如果有人能把他们赎回来，可在国府中领取酬金。子贡从诸侯那里赎回了鲁国人，却推辞掉酬金。孔子说："子贡的这种做法是不正确的。圣人办事情，可以用它来移风易俗，而其中包含的教化的道理也能让老百姓懂得，不光只是适合自己的心意就行了。现在鲁国富人少而穷人多，子贡就是收了酬金，也不会损害自己的品行；如果不收取酬金，那么以后再也没有人去赎人了。"子路拯救了溺水的人，那个人送给他一头牛作为拜谢他的礼物，子路接受了。孔子知道后高兴地说："这一下鲁国拯救溺水的人，必定会多起来。"

【原文】

汉班超久于西域，及召还，以戊己校尉任尚代之。尚谓超曰："君侯在外域三十余年，而小人猥承君后，任重虑浅，宜有以诲之。"超曰："塞外吏士，本非孝子顺孙，皆以罪过徙补边屯；

而蛮夷怀鸟兽之心，难养易败。今君性严急，水清无鱼，察政不得下和，宜荡佚简易，宽小过，总大纲而已。”超去后，尚私谓所亲曰：“我以班君尚有奇策，今所言平平耳。”尚留数年而西域反叛，如超所戒。

【译文】

汉朝的班超在西域的时间很久了，等到他被召回时，朝廷就让戊己校尉任尚接替他。任尚对班超说：“您在西域三十多年，现在我来接替您的职位，任务繁重，但我的见识浅薄，您应该有话教导我。”班超说：“塞外的官民本来就不是孝子贤孙，都是因为罪过而迁移边疆的。各少数民族都怀着鸟兽之心，难于教养而容易坏事。如今您性格严厉而又急躁，水清则无鱼，政事太明察就不能与下边的人融合，这样做不利于稳定这一地区的形势。您行事应该安闲宽简一些，不要太计较小的过错，总揽大纲就行了。”班超离开以后，任尚私下对他亲信的人说：“我原以为班超有奇妙的策略，现在从他的谈话看来也是平淡无奇。”任尚留在西域数年，西域反叛。究其引起反叛的原因，正如班超所告诫的那样。

【原文】

后唐郭崇韬，素廉。自从入洛，始受四方赂遗。故人子弟或以为言。崇韬曰：“吾位兼将相，禄赐巨万，岂少些哉？今藩镇诸侯多梁旧将，皆主上斩祛射钩之人，若一切拒之，能无疑骇？”明年天子有事南郊，崇韬悉献所藏，以佐赏给。

【译文】

后唐郭崇韬，一向廉洁。但自从到了洛阳以后，开始收受各地的贿赂。他的朋友和子弟之中，有人对此颇有微词。崇韬听了以后说：“我身兼将相，俸禄、赏赐上万，难道还缺少人们送的这点财物吗？只是如今藩镇诸侯多数是后梁的旧将，都是和皇上打过仗的，如果对他们的贿赂一概拒绝，他们能不疑虑害怕吗？”第二年，天子在南方有战事，郭崇韬把他所收藏的财物全部捐献了出来，用以资助和奖赏将士。

【原文】

明天顺中，朝廷好宝玩。中贵言宣德中，尝遣太监王三宝使西洋，获奇珍无算。帝乃命中贵至兵部，查王三宝至西洋水程。时刘大夏为郎，尚书项公忠令都吏简故牒，刘先简得匿之，都吏简不得，复令他吏简。项诘都吏曰：“署中牍焉得失？”刘微笑曰：“昔下西洋费钱谷数十万，军民死者亦此计焉，一时弊政，牍即存尚宜毁之，以拔其根，犹追究其有无耶？”项竦然，再揖而谢，指其位曰：“公达国体，此不久属公矣。”

【译文】

明朝英宗天顺（1457—1464）年间，朝廷喜好珍宝奇玩。有宦官说宣德年间，曾经派遣太监王三宝出使西洋，获得许多奇珍异宝。皇帝于是命令宦官到兵部去查王三宝下西洋时的水路行程。当时刘大夏担任郎官，兵部尚书项忠命令都吏从旧的文书当中寻找，刘大夏先将这一文书找到并藏了起来。都吏找不到，又命令别的官吏去找。项忠责问都吏说："官署中的文书怎么会弄丢呢？"刘大夏微笑着说："从前下西洋，耗费钱粮数十万，军民死去的也要用这个数计算，这是那时的弊政，文书即使还保存着也应该毁掉它，以除掉弊政的坏根，怎么还要追究文书有没有呢？"项忠肃然起敬，作了两个揖表示道歉，并指着自己尚书的位置说："您通晓治国之法，这位置不久就属于您了。"

【原文】

宋靖康中，都城受围，器甲刓敝。或言太常寺有旧祭服数十，闲可以藉甲。少卿刘珏具稿以献，有老吏故脱误其稿，至于三。珏怒责之，吏曰："非敢误也，小人窃有管见。在《礼》，祭服敝，则焚之。今国家迫急，诚不宜以常日论，然容台之职惟当秉礼，不若俟朝廷来索纳之，犹贤于背礼而自献也。"珏愧叹而止。

【译文】

宋朝靖康（1126—1127）年间，都城遭到金兵围攻，兵器磨损，铠甲破旧。有人说太常寺有旧祭服数十套，闲置无用，可以用来充当铠甲。少卿刘珏写好清单，准备把它献上去，有个年龄较大的官吏故意把清单写错多次。刘珏发怒，斥责了那个老吏。老吏说："我本来不敢

误写，但是小人私下有一点小小的看法。按照《礼记》，祭服破旧就得焚烧。现在国家危急，不宜按照常日的方法办事，可是您的职责是按礼法办事，不如等朝廷来索要时再交纳，这要比违背礼法而自己主动献上去好一些。”刘钰听了老吏的话后，惭愧叹息，不再主动献上那些旧祭服了。

【原文】

宋祥符中，天下大蝗，真宗使人于野得死蝗，以示大臣。明日，宰相有袖蝗以进者，曰：“蝗实死矣，请示于朝，率百官贺。”王旦独以为不可。后数日，方奏事，飞蝗蔽天。真宗顾公曰：“使百官方贺，而蝗如此，岂不为天下笑耶！”

【译文】

北宋真宗大中祥符（1008—1016）年间，天下发生蝗灾，真宗派人在野外捡了一些死蝗虫，让大臣们看。第二天，有个宰相袖子里装着死蝗虫让皇上看，并说：“蝗虫确实死了，请告示朝中人，并应率领百官祝贺。”只有王旦一人认为这样做不行。过了几天，有人向皇上奏事时说，飞来的蝗虫遮天蔽日。宋真宗回头看了一眼王旦，说："假使百官正在祝贺蝗虫已死，但是蝗虫实际上却飞天蔽日，这岂不叫天下人耻笑！"

【原文】

明英宗召刘大夏谕曰："事有不可，每欲召卿商确，又以非卿部内事而止。今后有当行当罢者，卿可以揭帖密进。"大夏对曰："不敢。"上曰："何也？"大夏曰："先朝李孜省可为鉴戒。"上曰："卿论国事，岂孜省营私害物者比乎？"大夏曰："臣下以揭帖进，朝廷以揭帖行，是亦前代'斜封墨敕'之类也。陛下所行，当远法帝王，近法祖宗，公是公非，与众共之。外附之府部，内咨之一臣可也。如用揭帖，因循日久，视为常规。万一匪人冒居要职，亦以此行之，害何可胜言？此甚非所以为后世法，臣不敢效顺。"上称善久之。

【译文】

明英宗召唤刘大夏前来，告诉他说："有些事情我无法决定的时候，常常想同你商定，但又觉得不是你们部内的事就作罢了。今后遇到可办或不可办的事情，你可以用揭帖标明秘密呈进。"刘大夏回答说："我不敢这样做。"皇上问："为什么？"刘大夏回答说："先朝李孜省的事可以作为鉴戒。"皇上说："你议论国事，怎能与营私害人的李孜省相提并论呢？"刘大夏说："我要是给皇上呈送揭帖，有些事朝廷就得按揭帖办理，这就同前代'斜封墨敕'相类似。陛下您做事，应当远效法古代帝王，近效法列祖列宗，以大家的意见作为评判是非的标准，同大家一起考虑。朝廷外的事由各府部办理，朝廷内的事只要咨询具体负责的某一大臣就可以了。如果采用揭帖，因循沿用日久，就会被当作常规惯例。万一奸邪之人窃据了这一要职，也采用这种办法，祸害哪能说得尽呢？这是最不应该让后世效法的，所以微臣不敢按皇上要求的去做。”皇上不停地称赞刘大夏考虑得长远。

周详第五

【提要】

周详，就是周密细致。本卷列举了在外交、国政、处世、应变、用人等各个方面考虑周密细致的事例。

【原文】

西夏赵德明求粮万斛，王旦请敕有司具粟

京师如数，而诏德明采取。德明大惭曰："朝廷有人。"乃止。

【译文】

西夏的赵德明向北宋朝廷索要一万斛粮食，宰相王旦请求皇上命令有关官员在京城把粮食如数准备好，然后下诏书让赵德明来取。赵德明非常惭愧地说："朝廷中还是有能人啊！"最终没有来取粮食。

【原文】

宋狄青击败侬智高，既入邕州，敛积尸，内有衣金龙衣者，又得金龙楯于其旁。或言智高已死，当亟奏。青曰："安知非诈？宁失智高，敢欺朝廷耶？！"

【译文】

宋朝的狄青击败侬智高后，军队进入邕州城，收拾堆积的敌军尸体时，发现一具穿着金龙衣的尸体，那具尸体的旁边有一面金龙盾牌。有人据此判断，说侬智高已经死了，应当赶快上奏朝廷。狄青说："怎能知道这不是欺诈呢？宁可说我们没有抓到侬智高，也不敢欺骗朝廷啊！"

【原文】

宋李允则尝宴军，而甲仗库火，允则作乐饮酒不辍。少顷火息，密遣吏持檄瀛州，紧茗笼运器甲。不浃旬军器完足，人无知者。枢密院请劾不救火状，真宗曰："允则必有谓，姑诘之。"对曰："兵械所藏，儆火甚严，方宴而焚，必奸人所为，若舍宴救火，事当不测。”

【译文】

宋朝李允则曾经宴请军士，这时，军械库失火，但李允则仍然不停地饮酒。不久火熄灭了，他秘密派遣官吏带了文书到达瀛州，用茶笼装运兵器。不到十天，军器准备得很充足。他这样做谁也不知道。枢密院上书请求对他不救火的行为予以追究。宋真宗说：“李允则一定会有他的解释，暂且先问问他，看他怎么说。”李允则说：“储藏兵械的地方，防火很严，正当宴饮时失火，这一定是坏人的阴谋。如果停止宴会去救火，必定还会出现料想不到的问题。”

【原文】

唐严震，镇山南，有一人乞钱三百千去过活，震召子公弼等问之。公弼曰：“此患风耳，大人不足应之。”震怒曰：“尔必坠吾门，只可劝吾力行善事，奈何劝吾吝惜金帛，且此人不办，向吾乞三百千，的非凡也。”命左右准数与之。于是三川之士，归心恐后，亦无造次过求者。

【译文】

唐朝的严震镇守山南道时，有一个人向他要三十万钱去生活，严震叫来他的儿子公弼等人询问他们对这件事的意见。公弼说：“这是一种不好的风气，大人不能答应这件事。”严震听后生气地说：“你必然会败坏我的门风，你只可劝我尽力做好事，怎么能劝我吝惜钱财呢？再说这个人没办法才向我要三十万钱，的确不同一般。”于是命令身边的人如数给他。此后，三川名士都争先恐后地投奔严震，也没有出现随便乱要、表现过分的人。

【原文】

宋真宗朝，唃厮罗与元昊交兵，使来献捷。执政以夷狄相攻，中国之福，议加唃厮罗节度使。韩亿独不可，曰："二族俱藩，当谕使解仇释憾，以安远人。且元昊尝赐姓，今彼攻之，而反加恩赏，恐徒激其怒，无益也，且生边患。谋国福者不当如是。"乃厚赐其使而遣之。

【译文】

宋真宗的时候，唃厮罗与元昊交战，派使臣来向宋朝报捷。宋朝当政的人认为夷狄相互攻打是中原国家的福分，商议要加封唃厮罗为节度使，只有韩亿认为不行。他说："西夏和吐蕃都是我们的属国，应当晓谕他们，让他们解仇释怨，使边远地区的人民能够安居乐业。再说我们曾给元昊赐过姓，现在唃厮罗攻打元昊，如果我们再给唃厮罗赏赐加封，恐怕只会激起元昊的愤怒。这样做一点好处也没有，而且还会引起边境的祸患。为国家利益谋划的人不该这样做。"于是给使者赏赐厚礼，让他回去了。

【原文】

宋皇祐四年，侬智高陷宾州，交阯请出兵助讨。于靖为闻于朝。狄青曰："假兵于外以除内寇，非吾利也。一智高横践二广，力不能制，倘蛮兵贪得无厌，因而起乱，何以御之？愿罢交阯助兵。"帝从之。

【译文】

北宋仁宗皇祐四年（1052），侬智高攻陷宾州，交阯请求出兵帮助讨伐。于靖把这件事报告给朝廷。狄青说:“借外援来平定内乱,并非对我们有益处。一个侬智高横行两广,我们全力以赴尚不能肃清。倘若蛮兵贪得无厌,因而引起战乱,我们用什么来抵御他们呢?建议不要让交阯派出援兵。”皇上采纳了狄青的意见。

【原文】

宋仁宗不豫,国嗣未立,范缜首发其端,司马光继之。上令以所言付中书。久之,光复上疏曰:“向者所言,陛下欣然无难色,谓即行矣,今寂无所闻。此必有小人言陛下春秋鼎盛,何遽为此不祥之事?小人无远虑,特欲仓卒之际,立其所厚善者耳。唐自文宗以来,立嗣皆出于左右之意,至有称定策国老、门生天子者,此祸可胜言哉?”上大感悟,命即送中书。光至中书见韩魏公曰:“诸公不及今定议,异日夜半禁中出寸纸以某人为嗣,则天下莫敢违。”琦曰:“惟敢不尽力。”诏英宗判宗正寺,寻立为皇子。

【译文】

宋仁宗生病时,皇位的继承人还没有确定下来。范缜首先提出了这个问题,司马光接着也提了。皇上命令把他们的意见交给中书省处理。过了很久,司马光又上疏说:“以前我提出确立皇位继承人的意见,陛下欣然同意,说是要立即实行,但到现在却没有一点音信。这必定是有小人说陛下正当年富力强,为什么要急于做确立继承人这种不吉祥的事情呢?小人不会做长远考虑,只是想在仓促之际,拥立与他们交谊深厚关系好的人继承皇位罢了。唐朝自从文宗以来,确立继承

人一事都是出自皇上身边人的意图，甚至到了有人自称是定策国老，却把皇帝称为‘门生天子’的地步，由此导致的祸害哪里能够说得清呢？”皇上很有感触，随即命令将奏章送到中书省。司马光到中书省会见韩魏公说：“你们各位现在不议定继承人的事，将来，半夜里有人从皇宫送出一张小纸条，说是以某人为继承人，那么天下没有人敢违抗。”韩琦说：“我怎么敢不竭尽全力办好这件事呢？”于是下诏书，让英宗兼管宗正寺，不久即立为皇太子。

【原文】

汉灵帝末，华歆、王朗俱乘船避难，有一人欲依附，歆辄难之。朗曰：“幸尚宽，何为不可？”后贼追至，王欲舍所携人。歆曰：“本所以疑，正为此耳。既已纳其自托，宁可以急相弃耶？”遂携拯如初。世以此定华、王之优劣。

【译文】

东汉灵帝末年，华歆和王朗同乘一条船逃难，有一人想要搭他们的船。华歆刁难这个人。王朗说："正好船还宽敞，为何不让他搭乘呢？"后来贼兵追了上来，王朗想丢弃那个搭船的人。华歆说："当初正因为这个原因，我才有所疑虑。既然已经答应让人家一块儿乘船逃难，怎么能在紧急关头把人家丢弃呢？"于是还是像当初一样带着那人搭船。世人凭这一点来评说华歆、王朗的好坏。

【原文】

宋刘豫揭榜山东，妄言御药监冯益，遣人收买飞鸽，因有不逊语，知泗州刘纲奏之，张浚请斩以释谤。赵鼎乃奏曰："益事诚暧昧，然疑似间有关国体，恐朝廷略不加罚，外议必谓陛下实尝遣之，有累圣德。不若暂解其职，姑与外祠，以释众惑。"上欣然出之浙东。浚怒鼎异己，鼎曰："自古欲去小人者，急之则党合而祸大，缓之彼自相挤。今益罪虽诛不足以快天下，然群阉恐人君手滑，必力争以薄其罪，不若谪而远之，既不伤上意，彼见谪轻，必不致力营求；又幸其位，必以次规进，安肯容其入耶？若力排之，此辈侧目吾人，其党愈固而不可破矣。"浚始叹服。

【译文】

宋朝的刘豫在山东张贴榜文，妄称御药监冯益派人收买飞鸽，因为有对皇上不恭顺的言语，泗州知府刘纲将此事上奏皇上，张浚主张斩杀冯益来消除流言蜚语的影响。赵鼎就此事启奏皇上说："冯益之事确实真相不明，但看来其中事关国家的体统，如果朝廷不稍加处罚，朝廷外就会有人议论说冯益实际上是受了皇帝的差遣，这有损于皇帝的英明。不如暂时免掉冯益的官职，姑且贬谪外地管理道教宫观，以消除大家的疑惑。”皇上欣然接受，将冯益贬谪到浙东。张浚对赵鼎与自己意见不同感到非常生气。赵鼎就说：“自古以来，想除掉小人，操之过急，他们就会结成同党，造成更大的祸害；不急于除去他们，他们就彼此排挤。现在即使杀掉冯益也不足以让天下人大快人心，但宦官们此时惟恐皇上听从朝臣的意见，必然会力争给他减轻罪行，所以不如把他贬谪到外地来疏远他与皇上的关系。这样既不伤皇上的心意，也可以使太监们看到已经从轻处理，一定不会再齐心协力为他开罪。况且他们又希望得到冯益的位置，必然会争着想接替他，怎么还会容许他再次回到皇上身边？假如对冯益重重处罚，宦官们对我们就会另眼相待，他们的结党就更加牢不可破了。”张浚听后，对赵鼎大为赞叹佩服。

【原文】

宋喻樗，字子才。绍兴初，高宗亲征，樗见赵鼎曰：“六龙临江，兵气百倍，然公自度此举果出万全乎？”鼎曰：“累年不振，义不可更屈，济否非所知也。”樗曰：“然则当思归路。张德远有重望，居闽，若使为江淮诸路宣抚史，其来路即朝廷归路也。”鼎入奏于帝，起浚知枢密院事。金人既退，鼎、浚相得甚欢，将并相。樗独言张公且宜在枢府，他日赵退，则张继之。立政任人，未甚相远则气脉长；若同在相位，万一不合而去，则必更张，是贤者自相悖戾矣。后稍如其言。

【译文】

宋朝的喻樗，字子才。绍兴初年(1131)，宋高宗亲自出征。喻樗拜见赵鼎说："天子亲征，士气高涨，但您估计此次天子出征果真能取胜吗？"赵鼎说："连年来宋朝国运不振，士气低落，道义也不容许我们屈居金人统治之下。至于此次亲征能否取胜，这不是我所能知道的。"喻樗说："那么您就得考虑退路。张德远(张浚)有较高的声望，他在福建，如果让他担任江淮诸路宣抚史，他的来路就是朝廷的退路。"赵鼎启奏皇帝，起用张浚参与枢密院事。金人退兵后，赵鼎与张浚相处甚好，将要一起担任宰相。只有喻樗认为张浚暂且应当安排在枢密院任事，将来赵鼎从宰相位置离退后，他就可以接任。官场中的人，彼此地位相差较大，则容易相处。如果同时都处在宰相的位置，万一两个人不和，就得有人要离去，继任者往往会改弦更张，这就是贤明之人彼此也会互相冲突、互相违背的道理。后来情况的发展，大致就像喻樗所估计的那样。

【原文】

明王云风出为陕西提学，台长汪公谓之曰："君出振风纪，但尽分内事，勿毁淫祠、禁僧道。"云风曰："此王我辈事，公何以云然？"汪曰："君见得真确，乃可；见之不真，而一时慕名为之，他日妻妾子女有疾，不得不祷祠，则传笑四方矣。"云风叹服。

【译文】

明朝的王云风出任陕西提学，台长汪公对他说："您出任这个职位是为了重振社会风气，只要尽分内职责就行了，不要毁淫祠、禁止佛道。”王云风问道：“这样做本来是皇上赋予我的职责，您为何要这么说呢？”汪公说：“有些事您要自己辨得清楚明白，才可以去做；如果看不清本质，而仅仅是为了博得一时的赞誉就去做，将来万一妻妾或子女有人生病，不得不去求神拜佛，那就会被四方人士传为笑柄。”王云风听后，很是赞叹佩服。

伟度第六

【提要】

宽广的胸怀、豁达的度量是成就事业的重要条件。本卷主要讲述前人在不计前嫌、宽厚容人、装聋作哑、充耳不闻等方面具有恢弘气度的故事。

【原文】

置一器于此，受一斗者，加升焉，则溢矣；

受一石者，加斗焉，则溢矣。黄河之大，泰山之高，何所不受哉？度量之于人，亦若是也已矣。《传》曰："川泽纳汙，山薮藏疾。"《书》曰："实能容之。"不有伟度，何称伟人？编其事于左。

【译文】

放置一个只能容一斗的量器，往里面再多加一升水，水就会流出来；放置一个只能容一石的量器，往里面再多加一斗粮食，粮食也会溢出来。像黄河那么大，泰山那么高，有什么东西不能容纳呢？一个人的度量的大小，也是这样。《左传》说："江河湖泊可以容纳污泥浊水，山泽渊薮可以隐藏毒虫猛兽。"《尚书》说："要胸怀宽广，能够包涵万物。"如果没有伟大的度量，怎么能称得上伟大的人物呢？我把这类事情编辑如下。

【原文】

宋太祖既得天下，赵普屡以微时所不惬者言之，欲潜加害。上曰："不可。若尘埃中总教识天子宰相，则人皆物色之矣。"自后普不复言。

【译文】

宋太祖得了天下以后，宰相赵普常常对太祖说起他们微贱时让他们不痛快的人，意欲暗加陷害。宋太祖说："不能这样。如果在茫茫的人海中，人们能够辨认出谁将来会成为天子、宰相的话，那么人们都要访求这样的人物了。"从此以后，赵普再也没有提这事了。

【原文】

宋吕文穆公问诸子曰："我为相，外议如何？"对曰："大人为相，四方清宁，惟人言无能为事，权多属同列。"公曰："我诚无能，但有一能，能用人耳。"

【译文】

宋朝的吕文穆公问他的儿子们道："我担任宰相，朝廷外的评论怎样？"儿子们回答说："大人为宰相，天下清明太平，只是有人说您做事的魄力不够，权柄往往落在了同僚手中。"吕公说："我确实没有能力，但我有一种能力，就是善于用人。"

【原文】

宋韩公琦，帅定武，夜作书，令卒持烛，误燃公须。公以袖掩之，作书如故。少顷视其人，已易矣。恐主吏鞭卒，急呼曰："勿易，我命剔灯，故致焚须，幸书不燃，何罪之有？"韩公又尝以百金酬一玉盏，珍之。吏误碎于地，坐客惊愕，吏伏地待罪。公笑曰："物破有定数，汝非有心也，奚罪？"

【译文】

宋朝的韩琦，曾经是驻守定武的元帅。有一次在夜里写信，让士兵拿着蜡烛，士兵不小心烧了韩公的胡须。韩公用袖子灭掉了火，捂着胡子，然后照样写信。过了一会儿，发现拿蜡烛的人已经被换了，韩公怕主事的官吏鞭打士兵，急忙叫道："不要换人，是我让他剔灯花，不小心才弄得胡须被烧了。所幸书信没有被烧，他有什么过错呢？"韩公又曾经用一百两银子买了一只玉杯，非常珍爱它。吏卒一不小心掉到地上摔碎了，当时在座的客人都很惊愕，吏卒也趴在地上等待被治罪。韩公笑着说：“东西被损坏都是有定数的，你又不是有意的，有什么罪？”

【原文】

宋太宗端拱初，孔守正拜殿前都虞侯。一日侍宴北园，守正大醉，与王荣论边功，于驾前忿争失仪。侍臣请以属吏，上弗许。明日，俱诣殿堂请罪，上曰：“朕亦大醉，漫不复省。”

【译文】

宋太宗端拱初年(998)，孔守正官拜殿前都虞侯。有一天在北园陪宴，孔守正喝得酩酊大醉，和王荣争论各自在边疆所立的功劳，在皇上面前愤怒争执，很是失态。侍臣请求皇上把他俩交给主管官吏治罪，皇上不同意。第二天，一起到殿前请罪。皇上说：“我当时也喝醉了，根本记不清发生了什么事。”

【原文】

明白沙陈公甫，访定山庄孔旸，庄携舟送之。中有一士人素滑稽，肆谈亵昵，甚无忌惮。定山怒不能忍，白沙则当其谈时，若不闻其声，及其既去，若不识其人。定山大服。

【译文】

明朝白沙人陈公甫拜访定山的庄孔旸，庄孔旸用船送他回去。当时船上有个读书人，此人向来滑稽，他肆无忌惮地说些下流猥亵的话，庄孔旸愤怒得不能容忍。陈公甫却在此人谈笑时，好像没有听到他的声音，等他走了以后，又像不认识这个人。庄孔旸对陈公甫非常佩服。

【原文】

宋富郑公弼少时，人有骂者，或告之曰："骂汝。"公曰："恐骂他人。"又曰："呼君名姓，岂骂他人耶？"公曰："恐同姓名者。"骂者闻之大惭。

【译文】

宋朝的郑公富弼小时候有人骂他，有的人告诉他说："某某在骂你呢。"富弼说："恐怕是骂别人吧。"那人又说："那人正喊着你的名字骂，难道还能是骂别人吗？"富弼说："可能骂的是与我同名同姓的人吧。"骂人的人听后非常惭愧。

【原文】

明吴郡杨仲举翥，邻家搆舍，甬流滴其庭，公不问。家人以为言，公曰："晴日多，雨日少。"

或又侵其址，公有“普天下皆王土，再过些儿也不妨”之句。

【译文】

明朝吴郡的杨翥字仲举，邻居家修建房屋，甬道的流水滴落到他家的庭院中，杨公不闻不问。家人认为应该把此事向邻居说明，杨公说：“晴天多，雨天少。”又有人侵占他家的住宅，杨公说出了“普天之下都是王土，再占一些不碍事”的话。

宽容第七

【提要】

本卷列举了宽容他人过失、给人留颜面、为人开脱罪责等方面的实例，表明宽容可以感化人心、化解仇怨、趋福避祸，最终成就事业。

【原文】

明韩襄毅在蛮中，有一郡守治酒具进，用盒纳妓于内，径入幕府。公知必有隐物，召郡守入，开盒令妓奉酒。毕，乃纳于盒中，随太守出。

【译文】

明朝韩襄毅在蛮夷地区担任将军时，有一位郡守送来酒器，同时把一个妓女装在箱子里，径直抬到韩襄毅的幕府里。韩公知道里边必定藏有隐秘的东西，就请郡守来府中喝酒，当面打开箱子，让妓女在宴席上敬酒。酒宴结束后，又把妓女放进箱子里，随着郡守一块抬出了幕府。

【原文】

汉丙吉居相位，尚宽大。驭吏嗜酒，尝醉吐丞相车上。西曹主吏白欲斥之。吉曰："以醉饱之失去士，使此人将复何所容？西曹第忍之，此不过丞相车茵耳。"遂不去。

【译文】

汉朝的丙吉任丞相时，推崇宽容大度。给他驾车的小吏嗜酒如命，曾经喝醉了呕吐在丞相车上。西曹主事的官吏把这事报告给丙吉，还想把此人斥退。丙吉说："因为喝醉吐了这样的过失就把人打发走，让这个人到什么地方容身呢？西曹还是容忍一下他吧，这不过是弄脏了丞相的车垫罢了。"于是没有斥退那个驾车的。

【原文】

唐娄师德，宽厚清慎，犯而不校。狄仁杰之入相，师德实荐之，而仁杰不知，意颇轻之。太后问仁杰曰："师德贤乎？"对曰："不知。"又问："师德知人乎？"对曰："未闻其知人也。"武后曰："朕之知卿，师德所荐也。"仁杰既出，叹曰："娄公盛德，我为其所包容久矣！"

【译文】

唐朝的娄师德为人宽容厚道、清廉谨慎，别人冒犯了他也不计较。狄仁杰晋升为宰相，其实是得到了娄师德的推荐，但狄仁杰不知道，内心里还很看不起娄师德。太后问狄仁杰："娄师德贤明吗？"狄仁杰回答说："不知道。"太后又问："娄师德能知人善任吗？"狄仁杰回答说："没有听说过他善于了解人。"太后说："我之所以了解并任用你，正是娄师德举荐的。"狄仁杰出来以后，感叹地说："娄公有大德，我被他包容的时间太久了。"

【原文】

宋王韶罢副枢，知鄂州。宴客，出家妓。座

客张绩醉，挽妓，不前，将拥之。妓泣诉于韶，客皆失色。韶曰："出尔曹以娱宾，乃令客失欢。"命大杯罚妓，人服其量。

【译文】

宋朝的王韶解除了副枢密使的职务，主持鄂州政事。有一次他宴请客人，请出家妓。座中的客人张绩喝醉了酒，拉住家妓不放，家妓不肯靠近他，他又要将家妓抱在怀里。家妓哭着向王韶诉说，满座的客人都大惊失色。王韶却说："让你们出来就是要让客人高兴的，你却惹客人不高兴。"于是让人用大杯罚家妓喝酒，人们无不佩服他的度量。

【原文】

宋彭思永就举时，贫无余资，惟持金钏数只，栖于旅舍。同举者过之，众请出钏为玩。客有匿其一于袖间者，公见而不言。众莫知也，皆惊求之。公曰："数止此耳，非有失也。"将去，袖钏者举手作揖，钏坠于地，众服公之量。

【译文】

宋代的彭思永参加举人考试时，家里穷得没有参加考试的钱，只拿了几只金钏住在客店里。一同参加考试的人请他拿出金钏来观赏。其中有个客人把一只金钏藏在自己的袖子里，彭公看见了，却没有说话。大家不知道金钏到哪儿去了，都惊慌地寻找。彭公说："金钏的数目只有这么多，没有丢失。"众人将要离开时，藏金钏的那人举手作揖，金钏掉到了地上，大家都佩服彭公的度量。

【原文】

明魏文靖公骥，奉命往南都，时馆舍只一苍头，乃举俸赀付之同乡子。其人请封钥，公怫然曰:“后生何待先辈薄乎？”时同乡子有婿，如其轻重款识以银易之。比公归，出前银，令工碎之，则伪也。工私言于苍头曰:“某人尝为此物，出子手，将无是乎？”苍头以告，公戒之曰:“慎勿泄，彼将不安矣。”事已稍露，同乡携赀以偿。公骇曰:“误矣！予银故在，未有以伪易者。”

【译文】

明朝的文靖公魏骥，奉命前往南都，当时馆舍中只有一个老仆人，他就把积蓄的所有薪金交付给一个同乡。那人请魏公加上锁，魏公生气地说:“我怎么敢这样浅薄地对待前辈呢？”当时，这个同乡有个女婿，他按魏公银两的轻重标记用假银子换走了他的真银子。等魏公回来，拿出原先的银子让工匠剖开时，发现全是假的。工匠私下对老仆人说:“某某人曾经做过这种假货，从你手中花出去的，恐怕就是他做的假银子吧？”老仆人把这话告诉了魏公。魏公告诫他说:“千万不要泄露了，他知道后会不安的。”随后，事情逐渐暴露，同乡带着银钱来赔偿。魏公吃惊地说:“你弄错了，我的银子原原本本地都在呢，没有人用假银子调换。”

【原文】

宋张文定公齐贤，以右拾遗为江南转运使。一日家宴，一奴窃银器数事于怀中，文定自帘下熟视不问。尔后文定三为宰相，门下厮役往往得列班行，而此奴不沾禄。奴乘闲再拜问曰："某事相公最久，凡后于某者，皆得官矣，相公独遗某，何也？"因泣下不止。文定悯然语曰："我欲不言，尔乃怨我。尔忆江南日盗我银器数事乎？我怀之三十年，不以告人，虽尔亦不知也。吾备位宰相，进退百官，志在激浊扬清，安敢以盗贼荐也？夙汝事我久，今与汝钱三百千，汝其去我门下，自择所安。盖吾既发汝平昔之事，汝宜有愧于我，而不可复留也。"奴震骇，泣拜而去。

【译文】

宋朝的文定公张齐贤，以右拾遗的身份担任江南转运使。有一天在家里举行宴会，一个奴仆偷了好几件银器藏在怀里，文定公隔着帘子看得清清楚楚却没有责问。这以后，文定公三次任宰相，他家中的奴仆好多人都随之有了一官半职，而这个奴仆一直没当上官。奴仆找了个机会拜了又拜，叩问文定公说："我侍奉您的时间最长，凡是比我后来的人，都得了官职，您却单单不给我官职，这是为什么呢？"说话时委屈得泪流不止。文定公哀怜地对他说："我本来不想说，可你会怨恨我。你还记得在我任江南转运使时你偷我几件银器的事吗？我把这事藏在心中三十年了，没有把它告诉别人，即使你自己也不知道。我位居宰相，管着百官的升降，立志要除去坏人、奖励好人，怎敢把盗贼举荐上来呢？考虑到你过去侍奉我多年，现在我给你三十万钱，你还是离开我这里，自己找个安身的地方吧。因为我既然点明你从前偷盗的事，你会觉得对我有愧，而不能再留下了。"奴仆大为震惊，含泪拜谢了文定公，然后离去。

【原文】

明江阴夏翁，尝舟行过市桥，一人担粪倾入舟中，溅及翁衣。其人旧识也，僮辈怒欲殴之。翁曰："此出不知耳，知我宁肯相犯？"因好语遣之。及归阅债籍，此人乃负三十金无偿，因欲以求死，翁为之折券。

【译文】

明朝江阴的夏翁，曾乘船经过市桥，有一个人担着粪倒入他所乘坐的船里，溅得他满身都是。这个人是夏翁从前认识的人，奴仆们怒气冲冲地想要揍他。夏翁说："这是由于他不知道是我，如果知道是我的话，怎敢冒犯我呢？"于是好言相劝打发这个人离开。等回家后，夏翁翻阅欠债的账本，发现这个人欠了三十金，因没有能力偿还，于是想用这种办法来求死，夏翁就把他的债券毁掉了。

【原文】

明长州尤翁开钱典，岁底闻外哄声，出视，则邻人也。司典者前诉曰："某将衣质钱，今空生来取，反出詈语，有是理乎？"其人悍然不逊，翁徐谕之曰："我知汝意，不过为过新年计耳。此小事，何以争为？"命拣厚质，得衣惟四五事。翁指絮衣曰："此御寒不可少。"又指道袍曰："与汝为拜年用，他物非所急，自可留也。"其人得二件，默然而去，是夜竟死于他家。涉讼经年，

盖此人图负债多，已服毒，知尤富可诈，既不获，则诈于他乡耳。或问尤翁何以预知而忍之，翁曰："凡非理相加，其中必有所恃。小不忍则祸立至。"人服其识。

【译文】

明朝长州的尤翁开当铺，年底听到外面有争吵的声音，出门一看，发现是邻居。管理典当的人前来告诉他："他拿衣服当了钱，现在空手来取衣服，反而出口伤人，有这样的道理吗？"那人非常凶悍蛮不讲理，尤翁慢慢地开导他说："我知道你的意思，不过是为过新年考虑罢了。这是小事，为何要争吵呢？"他让人拣出他原来抵押的较为值钱的衣物，共有四五件。尤翁指着棉衣说："这是御寒不可缺少的。"又指着道袍说："这件给你拜年时穿，其他衣服不是急着穿的，自然留下。"这个人拿到了两件衣服，默默地走了。当天晚上，此人竟然死在别人家中。官司与这家牵连了好几年，最后查明这个人因负债过多，服毒而死，他知道尤翁富裕可以敲诈，结果没有达到目的，就到别的乡里去欺诈，最终死在别人家里。有人问尤翁怎么能事先预知他欺诈并容忍了他，尤翁说："凡是无理取闹的人，必定有所企图。小事若不忍耐，那么大祸就会临头。"人们都佩服他的见识。

压邪第八

【提要】

本卷主要讲述智破神鬼的故事，意在说明智慧和定力可以破除迷信，驱除怪异，防止妖言惑众，维护社会安定。

【原文】

山鬼之伎俩有限，老僧之不见不闻无穷。非真无见闻也，此中有定慧焉，有定力焉。惟吾儒亦然，明理者不可惑以虚无，知命者不稍怵于利害。知者不惑，勇者不惧，知勇合，而慧力出其中矣。夷考古今记载，择其言尤雅者著于篇。

【译文】

山鬼的伎俩很有限，老僧看不见听不到的事情非常多。并不是真的没有看到没有听到，而是其中包含一定的智慧和定力，我们儒生也是如此。明白事理的人，不可被虚无的事情迷惑；懂得天命的人，不会在利害面前胆怯。智者不会被迷惑，勇者没有什么畏惧，智勇兼备，智慧与定力就从中产生了。考察古往今来的记载，选择其中语言优雅的录在本篇之中。

【原文】

魏文侯时，西门豹为邺令，会长老问民疾

苦。长老曰："苦为河伯娶妇。邺三老、廷掾，常岁赋民钱数百万，用二三十万为河伯娶，与祝巫共分其余。当其时，巫行视人家女好者，云是当为河伯妇，即令洗浴，易新衣，治斋宫于河上，设绛帐床席，居女其中。卜日，浮之河，行数十里乃灭。俗语曰：'不为娶妇，水来漂溺。'人多持女远窜，故城中益空。"豹曰："及此时，幸来告我，亦欲往送。"至期豹往，会之河上。三老、官属豪长者皆会，聚观者数千人。其大巫，老女子也，女弟子十余从其后。豹曰："呼河伯妇来。"既见，顾谓众曰："是女不佳，烦大巫妪为入报河伯，更求好女，后日送之。"即使吏卒共抱大巫妪投之河。有顷，曰："妪何久也？弟子趣之。"复投弟子一人。有顷，曰："弟子何久也？复使一人趣之。"凡投三弟子。豹曰："是皆女子，不能白事，烦三老为入白之。"复投三老。豹簪笔磬折向河立，待良久，旁观者皆惊恐。豹顾曰："巫妪、三老不还报，奈何？"复欲使廷掾与豪长者一人入趣之。皆叩头流血，色如死灰。豹曰："且俟须臾。"须臾，豹曰："廷掾起矣，河伯不娶妇也。"邺吏民大惊恐，自是不敢复言河伯娶妇。

【译文】

魏文侯时，西门豹担任邺城的县令，他召见地方上有声望的老人，向他们询问百姓的疾苦。长老说："百姓最痛苦的事是给河伯娶媳妇。

邺城的三老、廷掾常年向百姓征收几百万的钱财，用二三十万给河伯娶媳妇，剩下的钱财就和巫婆一起分了。每当要给河伯娶媳妇的时候，巫婆到处巡视，发现哪家女儿长得漂亮，就说这个姑娘应当做河伯的媳妇。当即让她沐浴，换上新衣服，并给她在河边盖上斋戒的房子，张设大红色的绸帐，铺设苇席，让女子住在里边。根据卜定的日子把它放在河面上，漂流几十里后就沉没了。传言说：'如果不给河伯娶媳妇，洪水来了就会淹没邺城。'很多人家都带着女儿远远地逃走了，所以城中的人越来越少。"西门豹说："到了给河伯娶媳妇的时候，希望来告诉我一声，我也要去送一送。"到了那天，西门豹去了，和大家在河边见了面。三老、官属、豪长者都来参加，围观的有几千人。大巫婆是个老女人，有十几个女弟子跟在她身后。西门豹说："叫河伯媳妇过来。"看了以后，回头对众人说："这个女孩子长得不漂亮，麻烦大巫婆替我进去报告河伯一声，等我们另外找个好看的女子，后天再送给他。"当下让吏卒抱起大巫婆扔进了河里。过了一会儿，西门豹说："巫婆怎么这么长时间不回来呢？让她的弟子去催一催！"又把巫婆的一个弟子投进河里。又过了一会儿，西门豹说："怎么这么长时间不回来呢？再派一个去催促她！"总共往河里扔进了三个弟子。西门豹说："这几个都是女人，不能把事情说清楚，麻烦三老替我进去报告情况。"又把三老扔进河里。西门豹笔直地面向河边站立，恭敬地弯腰等候，等了很长时间，旁边看的人都非常惊恐。西门豹回过头来说："巫婆、三老都不回来报告，怎么办？"又想让廷掾和豪长者中的一个进去催促他们。廷掾和豪长者全都跪下磕头，磕得流出了血，脸色像死灰一样。西门豹说："暂且等一会儿吧。"过了一会儿，西门豹说："廷掾起来吧！河伯不娶媳妇了。"邺城的官吏和百姓十分惊恐，从此以后，再也不敢说给河伯娶媳妇的事了。

【原文】

唐魏元忠未达时，一婢出汲方还，见老猿于厨下看火，婢惊白之。元忠徐曰："猿愍我无人，为我执火甚善。"又常呼苍头未应，狗代呼之，又曰："此孝顺狗也，乃能代我劳。"常独坐，有群鼠拱手立其前，又曰："鼠饥就我求食。"乃令食之。夜中鸺鹠鸣其屋端，家人将弹之，又止之曰："鸺鹠昼不见物，故夜飞。"后遂绝无怪。

【译文】

唐朝的魏元忠尚未得志的时候，一个婢女出去打水回来，看见一只老猿猴在厨房里帮助烧火，婢女惊慌地向魏元忠报告这件事。元忠慢慢地说："猿猴怜悯我没有人手，替我掌管炊事，这很好。"他常常呼叫仆人若没人答应，狗就代替他呼叫。他又说："这是条孝顺的狗，能替我效劳。"他经常一个人坐着的时候，有一群老鼠像人拱手作揖一样站在他的跟前。他又说："老鼠饿了，找我来要吃的。"就让人喂它们。夜间鸺鹠在房顶上鸣叫，家人要用弹丸射它们，他又阻止家人说："鸺鹠白天看不见东西，所以在夜里飞。"从此以后就什么怪现象也没有了。

【原文】

宋孔道辅知宁州，道士缮真武像，有蛇穿其前，数出近人，人以为神，州将欲视验上闻。公率其属往拜之，而蛇果出，公即举笏击杀之。州将以下皆大骇，已而又皆大服。

【译文】

宋朝的孔道辅担任宁州知府时，道士们修缮真武神像，有条蛇从真武像前出入，并多次接近人。人们把它当作神灵，州里的将官打算亲自察看检验一下，并想将此事上报朝廷。孔公带着他的下属也前去敬拜，那条蛇果然出来了，孔公当下举起笏板将蛇打死。州将以下都惊呆了，但很快又非常佩服他的胆识。

【原文】

唐时政事堂有会食案，相传移之则宰臣当罢，不迁者五十年。李公吉甫曰："朝夕论道之所，岂可使朽蠹之物秽而不除？俗言拘忌，何足听也？"遂撤而焚之，其下锄去积壤十四畚，议者伟焉。

【译文】

唐朝的政事堂里有张会餐的桌子，相传如果移动它，宰相就要被罢免，所以五十年来没有人移动过它。李吉甫说："这里是从早到晚讲论道义的地方，怎么可以让虫蛀腐烂的东西这样脏兮兮的而不去清理呢？俗言过于拘泥忌讳太多，哪值得听从？"于是撤去食桌并把它烧了，在桌子下面清理出十四簸箕多年堆积的尘土。评论这事的人认为他很了不起。

【原文】

唐傅奕不信佛法，有僧善咒，能死生人，上试之有验。傅奕曰："僧若有灵，宜令咒臣。"僧奉敕咒奕，奕无恙，而僧忽仆。

【译文】

唐朝的傅奕不相信佛法，有个僧人擅长念咒语，能使人死，也能使人复活，皇上试验过，非常灵验。傅奕说："僧人咒语如果灵验，就应该让他来咒我。"僧人奉皇上的诏令咒傅奕，傅奕没有受到伤害，僧人却忽然向前倒下。

【原文】

梁钱元懿牧新定，一日闾里间辄数火起，居民颇忧恐。有巫杨妪因之遂兴妖言曰："某所复当火。"皆如其言，民由是竞祷之。元懿谓左右曰："火如巫言，巫为火也。"乃斩媪于市，自此火遂息。

【译文】

后梁钱元懿担任新定州州官时，一天里巷连续几次失火，居民们很是担忧害怕。有个巫婆杨老太太趁此放出妖言说："某个地方还会起火。"后来发生的一切都像她说的一样，老百姓因此争着去求她祈祷以驱除灾祸。钱元懿对身边的人说："起火就像巫婆所说的那样，说明巫婆就是纵火之人。"于是把巫婆杨老太太在集市上杀掉了，从此火灾再也没有发生。

【原文】

宋元丰中，陈州蔡仙姑，能化观丈六金身。常设净水，至者必洗净目而入。有廖县尉一日率其部曲，约洗一目。及入，以洗目视之，宝莲台上金佛巍然；以不洗目视之，大竹篮中一老妪箕踞而坐。乃叱其下擒之。

【译文】

宋朝元丰(1078—1085)年间,陈州的蔡仙姑能变化出一丈六尺的金身佛像。她常常设置净水,凡是去观看的人必须先用净水洗了眼睛才能进去。一天,有位廖县尉他带着自己的部下,先约定好只洗一只眼睛。等他们进了屋,用洗过的眼睛看她,发现宝莲台上有尊金佛又高又大;用没洗过的眼睛看她,大竹篮里有一个老太婆伸开两腿蹲坐着。廖县尉就大声命令他的部下把老太婆捉了起来。

【原文】

三国时,吴贺齐为将军,讨山贼。贼中有善禁者,每交战,官军刀剑不得击,射矢皆还自向。贺曰:"吾闻金有刃者可禁,虫有毒者可禁,彼能禁吾兵,必不能禁无刃之器。"乃多作劲木白棓,选健卒五千人为先登。贼恃善禁不设备,官军奋棓击之。禁果不复行,所击万计。

【译文】

三国时,吴国的贺齐被任命为将军,前去讨伐山贼。山贼中有个擅长禁器术的人,每次交战,官军的刀剑不能杀伤敌人,射出的箭也都反向折回。贺齐说:"我听说金属武器有刀刃的能被禁器术制服,有毒的虫子也能被禁器术制服。他能用禁器术制服我们的兵器,一定不能用禁器术制服没有刀刃的武器。"于是制作了许多坚硬的木棒,又挑选了五千强壮的士卒作为先锋。贼人依仗禁器术而疏于防备,官军挥动木棒奋力攻击贼兵。禁器术果然再也无法生效,被杀死的贼人数以万计。

【原文】

宋真宗时，西京讹言，有物如席帽，夜飞入人家，又变为犬狼状，能伤人。民间恐惧，每多重闭深处，操兵自卫。自是京师讹言帽妖至，达旦叫噪。诏立赏格募告为妖者。知应天府王曾，令夜开里门，有倡言者即捕之，妖亦不兴。

【译文】

宋真宗时，西京流传谣言，说是有类似席帽的怪物，夜里飞进人家里，变成狗、狼的模样，能伤人。老百姓很恐惧，每到夜里，多数人家都紧闭门户藏身在隐蔽的地方，拿着武器保护自己。从此时起京都开封也谣传帽妖来了，从晚上一直叫嚷到第二天早晨。皇帝下令悬赏告发兴妖的人。应天知府王曾，下令夜里打开里门，如果发现传播谣言的人立即捉拿，从此妖物的事也就没有了。

【原文】

汉成帝建始中，关西大雨四十余日。京师民无故相惊，言大水至，百姓奔者相蹂躏，老弱号呼，长安中大乱。大将军王凤，以为太后与上及后宫可御船，令吏民上城以避水，群臣皆从凤议。右将军王商独曰："自古无道之国，水犹不冒城郭，今何因当有大水一日暴至？此必讹言也，不宜上城，重惊百姓。"上乃止，有顷稍定，问之果讹言。

【译文】

西汉成帝建始（前32—前29）年间，关西地区连降大雨四十多天。京城的老百姓都无缘无故地惊恐，说是洪水要来了，老百姓中逃难的人相互践踏，年老体弱的大声哭叫，长安城中一片混乱。大将军王凤认为太后和皇上以及后宫嫔妃可以乘船，让官吏和老百姓到城头去避水，大臣们都听从王凤的建议。只有右将军王商说："自古以来不推行德政的国家，洪水都还不会淹没城郭。现在为什么洪水会在一天之内突然到来呢？这一定是谣言，不应该上城头，以免老百姓再次受惊。"皇上就此废止了王凤的建议。不久，局面稍稍安定了，经过查问果然是谣言。

【原文】

宋天圣中，尝大雨，传言汴口决，水且大至。都人恐，欲东奔。帝以问王曾，曾曰："河决奏未至，必讹言耳，不足虑也。"已而果然。

【译文】

北宋仁宗天圣（1023—1032）年间，曾经下大雨，传言说汴河已经决口，大水就要到了。京都开封的人非常害怕，想要往东逃难去。皇帝以此问王曾，王曾说："汴河决口的奏章没有到，一定是谣言，不值得为此忧虑。”后经证实，情况果真是这样。

【原文】

明嘉靖间，戚贤为归安县令。有萧总管祠，豪右欲诅有司，辄先赛庙。一日过之，值赛期，入庙中，列赛者阶下。谕之曰：“天久不雨，若能祷神得雨则善，不尔庙且毁，罪不赦也。”舁木偶道桥上，竟不雨，遂沉木偶如言。又数日，舟行，忽木偶自水跃入舟中，侍人失色走曰：“萧总管来！萧总管来！”贤复曰：“是未之焚也。”命系之，顾岸傍有社祠，别遣黠隶易服入祠，戒之曰：“伺水中人出，械以来。”已而果然。盖策知赛者贿没人为之也。

【译文】

明世宗嘉靖(1522—1566)年间，戚贤担任归安县令。县城里建有萧总管祠堂，地方豪强大族想通过祈祷鬼神的办法给当地的官员降灾祸，就先在祠堂进行酬神活动。有一天，戚贤在举行庙会时进入萧总管祠堂，他让酬神的人都站在台阶下面，告诉他们说：“天好长时间没下雨了，如果祈祷神灵能使天下雨就好；不然的话，不但你们的庙要被拆毁，而且你们也难逃罪责。”接着让他们把木制的神像抬起来放到桥上。天最终没有下雨，于是就照前面所说的把木制的神像沉入河中。又过了几天，当戚贤乘船在河中航行时，木神像忽然从水中跳到船上，侍从们大惊失色，边跑边喊道：“萧总管来了！萧总管来了！”戚贤说：“这是因为没有烧掉它的缘故。”就让人把神像捆起来。他回头看见岸边有座土地庙，便另外派遣精明的衙役换了衣服进入庙中守候，并命令他说："等水中那个人出来，用镣铐把他押来。"不久果然如此。原来戚贤已经考虑到，这是酬神的人买通了会潜水的人所干的事。

【原文】

明永乐间，广东南雄府学有淫祠，中塑女子像，号圣姑，师生媚祷虔甚。吉安彭勖，以进士乞外补，得教授南雄，闻祠事，意欲毁之而未言。未至都百余里，一生来迎甚恭。彭问曰："予未有宿戒，子何自知之？"生曰："圣姑见梦言之，且道公邑里姓第甚悉，特遣相候耳。"因言圣姑之神异以感动之，彭怒。抵任，积薪祠所，拟连夜往，佯为遗火以焚焉。生又梦圣姑曰："此翁意极不善，子盖为诚言，否则吾亦能为之祸。一二日间当先死其奴，后若干日，子与妇死，若干日死其身矣。"生俱以告，彭不听，越数日其奴詹果暴死。勖闻之益怒，遂投炬爇

之。后子及妇相继皆死如神言。学徒咸劝复其祠，不许，至期彭竟无恙。生疑之，一夕，复梦圣姑，因诘其言不验。圣姑曰：“我鬼也，安能生死人，彼自是命当绝，吾将前知之以相恐耳。彭公贵人，前程远大，何敢犯耶？”后以御史提学南畿，为师儒表率，仕终按察副使。

【译文】

明成祖永乐（1403—1424）年间，广东南雄的府学里设有淫祠，祠堂里塑着一尊女子神像，号称“圣姑”。师生们对她的祈祷非常虔诚。吉安人彭勖以进士的身份要求到京城以外的地方去为官，被派遣到南雄任教授一职，他听说淫祠的事，心里就打算拆毁它，只是没有说出来。他还没有到达南雄府学，距离尚有一百多里路的时候，府学里的一个学生十分恭敬地前来迎接。彭勖问道：“我并未提前告知，你从何得知我要前来？”这个学生说：“圣姑托梦说的，而且详细地说了您的籍贯、姓氏、中举的等级，特地派我来迎候您。”因而又说了圣姑如何神异的事，以便感动彭勖，彭勖听后非常生气。到任以后，他在祠堂附近堆了些柴草，准备连夜到祠堂那里去，假装用火疏忽把祠堂烧掉。学生又梦见圣姑说：“此翁来意极不善，你再好好地劝劝他。否则，我也能降祸给他。一两天之内，我要先让他的仆人死掉；几天以后，我会让他的儿子和妻子死掉；再过若干天，我让他本人死掉。”学生把这些话都告诉了彭勖，彭勖不听。过了几天，他的奴仆詹某果然死了。彭勖听说这事之后，更加生气，于是向柴草投火将祠堂烧毁了。后来他的儿子和妻子就像神像说的那样相继死去，学生们都劝彭勖重建圣姑祠，彭勖不答应。到了预定的日期，彭勖竟然安然无恙，学生对圣姑也就产生了怀疑。一天晚上，那个学生又梦见圣姑，他就追问圣姑所说

的话为何不灵验。圣姑说："我是个鬼，怎能使人生或者死呢？他们那些人本来命该绝，我不过是提前知道并用它吓唬人罢了。彭公是个贵人，前程远大，怎么敢冒犯他呢？"后来，彭公以御史的身份巡察南方学政，成为儒家表率，官职一直做到按察副使。

【原文】

宋范仲淹一日携子纯仁访民家。民舍有鼓为妖，坐未几，鼓自滚至庭，盘旋不已，见者皆股栗。仲淹徐谓纯仁曰："此鼓久不击，见佳客至，故自来庭以寻槌耳。"令纯仁削槌以击之，其鼓立碎。

【译文】

宋朝的范仲淹，一天带着儿子范纯仁到百姓家中去访问，当时这家百姓的住所里有只鼓成了妖。他们坐下不一会儿，鼓就自动滚到了庭院里，旋转不停，看见的人都吓得双腿发抖。范仲淹慢慢地对儿子说："这个鼓好久没有敲打它了，今天看到嘉宾到来，所以自己滚到庭院里找鼓槌敲。”他让儿子范纯仁削了鼓槌去敲击它，那个鼓立刻就碎了。

【原文】

宋苏文忠公知扬州，一夕梦在山林间见一虎来噬。公方惊怖，一紫袍黄冠者，以袖障公，叱虎使去。及旦，有道士投谒曰：“昨夜不惊畏否？”公叱曰：“竖子乃敢尔，正欲杖汝脊。吾岂不知汝夜来术邪？”道士慌骇而走。

【译文】

北宋的文忠公苏轼担任扬州知府时，有天晚上，梦见自己在山林里，遇见一只老虎要吃自己。他正在惊恐万状的时候，一个身穿紫袍、头戴黄帽的人，用衣袖挡住老虎，并呵斥老虎走开。第二天早晨，有个道士投名帖拜见说：“昨晚没有受到惊吓吧？”文忠公呵斥道：“你这小子竟敢如此大胆，我正想用木杖打你的背，我难道不知道那是你昨夜搞的邪术吗？”道士惊慌害怕地逃跑了。

博爱第九

【提要】

本卷列举了善待他人和爱护民众两方面的事例，说明博爱其实就是践行“仁道”。而践行“仁道”就要爱惜万物，从切近自身的事做起。

【原文】

韩子曰："博爱之谓仁。"然四海大矣，万民众矣，博施济众，尧舜其犹病诸。闻之程子："一命之士，苟存心于爱物，于人必有所济。"可谓仁之方也已。

【译文】

韩愈说："广泛地爱一切人称之为仁。"但四海之大、民众之多，要广泛地施舍救济民众，即使像尧舜那样贤明的君主，也会对此感到力不从心。听程颢说过这样的话："一个朝廷命官，如果存有爱惜万物的心肠，对人必定会有所救济。"这可以称得上是实践仁道的方法了。

【原文】

晋陶渊明为彭泽令，不以家累自随，送一力给其子。书曰："汝旦夕之费，自给为难，今遣此力助汝薪水之劳。此亦人子也，可善遇之。"

【译文】

晋代陶渊明担任彭泽县令时，没有把家眷带去，他送给儿子一个仆人，并给儿子写信说："你日常的费用，自给可能有困难，现在派这个仆人帮助你解决生活方面的劳作。他也是别人的儿子，你要好好地对待他。"

【原文】

唐玄宗西幸，车驾自延英门出，杨国忠请由左藏库而去，从之。望见千余人持火炬以候，上驻跸曰："何用此为？"国忠对曰："请焚库积，无为盗守。”上敛容曰：“盗至，若不得此，当敛于民，不如与之，无重困吾赤子也。”命撤火炬而后行。闻者皆感激流涕，迭相谓曰：“吾君爱民如此，福未艾也。虽太王去豳，何以过此乎？”

【译文】

唐玄宗西行时，车驾从延英门出来。杨国忠请皇上从左藏库出发，皇上听从了他的意见。途中看见一千多人拿着火把在那儿等候，皇上停下车驾问道：“这是干什么呢？”杨国忠回答说：“请允许我们把库里积存的财物烧了，不要留给敌寇。”皇上严肃地说：“敌寇来了，如果得不到这些财物，就会从百姓那里征收，不如给他们，免得让我的百姓再次遭受困苦。”于是下令撤去火炬，然后才上路。听到这件事的人都感激得流泪，相互传颂说：“我们的国君如此爱护老百姓，他的福祚还没完呢！即使周太王迁居离开豳地时，其仁爱哪能超过这样呢？”

【原文】

宋李燔为考亭高弟，常言：人不必待仕宦有职事，才为功业；但随力到处，有以及物，即功业矣也。

【译文】

宋朝的李燔是考亭的优秀弟子。他常说：人不一定要等到做官之后才能建功立业。只要在自己力所能及的地方，能做一些好事，就是建立功业了。

【原文】

宋曹武惠王彬，下江南，金陵受围凡三时，

吴人樵采路绝。彬每缓师，冀李煜来归，使人谕之曰：“事势如此，所惜者一城生聚，若使归命，策之上也。”城垂克，彬忽称疾不视事，诸将来问，彬曰：“余疾非药石所能愈，惟须诸公诚心自誓，以克城日不妄杀一人，则自愈矣。”诸将许诺，共焚香而誓。明日城陷，李煜即归。凯旋入见，刺称奉敕江南幹事回，其廉恭不伐又如此。

【译文】

宋朝的武惠王曹彬率兵攻打江南，金陵被围困了九个多月，吴人砍柴的路也断了。曹彬常常延缓进军，希望李煜前来归顺，派人告诉他说：“形势已经这样，我感到痛惜的是全城百姓的生命和财物将毁于一旦；你如果能前来归顺，就是上策了。”金陵城快要被攻破的时候，曹彬又声称有病不能处理军务，将领们都前来探望。曹彬说：“我的病不是药物能够治好的，只有诸公诚心诚意地发誓，在攻下金陵城的那一天不乱杀一个人，我的病自然就好了。”将领们都答应了，并在一起烧香发誓。第二天，金陵城被攻陷，李煜投降。曹彬凯旋入朝拜见皇帝，上书称奉诏去江南办事回朝，他谦恭而不自我夸耀又是这样。

【原文】

唐肃宗宴于宫中，时有蕃将阿思布伏法，其妻配掖庭，因隶乐工。是日，为假宫之长，上及侍宴者笑乐，政和公主独俯首不视，上问其故。公主曰：“禁中乐工不少，何必须此人？使阿思布真逆人，其妻亦同刑人，不合迫至尊之座；果冤耶，岂忍使其妻与众优杂处为笑谑之具？妾深以为不可。”上亦悯恻，为之罢戏。

【译文】

唐肃宗在宫中举行宴会，当时有位叫阿思布的蕃将因犯法被处死刑，他的妻子被发配到宫廷为奴，隶属于乐工。这一天，担任表演假宫戏的主角。宫里的官员及侍宴的人全都欢笑取乐，只有政和公主低着头不看，皇上问她其中的原因。公主说：“皇宫里的乐工不少，为什么一定要她演奏呢？假使阿思布真是叛逆之人，他的妻子也同样是犯法的人，不应该接近您的宝座；果真是冤枉他呢，又怎能忍心让他的妻子与众多优伶在一起作为供人玩笑取乐的工具？我认为非常不合适。”皇上听后也产生了哀怜，为此让她停止了表演。

刑戒第十

【提要】

法律的根本精神在于教化人心。本卷用大量实例，探讨了如何通过使用刑罚来规范行为，引导人们向善的问题。

【原文】

宋熙宁中，新法方行，州县骚然。邵康节闲居林下，门生故旧宦者，皆欲投劾而归，以书问康节。康节答曰：“正贤者所当尽力之时。新法固严，能宽一分，则民受一分之赐矣。投劾去何益？”

【译文】

北宋神宗熙宁(1068—1077)年间，新法刚刚推行，州县一片混乱。邵康节赋闲居住在山林中，他的那些仍在为官的门生故旧，都想递交辞呈还乡，写信给邵康节征询他的意见。邵康节答复说：“这正是有才德的人应当尽力的时候。新法固然严酷，能放宽一分，老百姓就能得到一分好处。递交辞呈离职，有什么益处呢？”

【原文】

明夏原吉天性宽平悃幅，无矫饰，人无识不识，皆谓吉君子长者。夜阅文书，抚案叹息，笔欲下而止者再。夫人问之，吉曰：“我所批者，岁终大辟奏也。吾笔一下，死生决矣，是以惨沮而笔不忍下也。”

【译文】

明朝的夏原吉，天性宽厚公正，待人至诚，却从不认为自己的节操比别人高尚。不管是认识他的人还是不认识他的人，都说他是位君子，是个忠厚的人。有一次夜里批阅文书，他抚案长叹，笔要落下时却又停止，这一动作重复多次。夫人问他为什么，夏原吉说：“我所批阅的文书，是年终要判死刑的奏本。我的笔这一落下去，那些人的死生就决定了，因此伤心叹气而不忍下笔。”

【原文】

明宣德间，永丰贼既平，时有告富民与贼通者三百余人。布政陈智方赈饥，乃下令曰：

“苟无实，宜自来。”众悉诣官自白。智曰：“果若人言，下诸鞫讯，尚能保家乎？今尔曹自赴官，若能出粟济馔，可转祸为福。”众稽颡流涕，乞如命。得粟万余石，全活甚群，遂释不治。

【译文】

明朝宣德(1426—1435)年间，永丰地区的乱贼被平定之后，有人告发当地富人与乱贼来往的有三百人之多。布政使陈智正在救济灾民，于是下令说：“如果没有与乱贼来往的，应当主动前来说明真相。”那些富人都到官府来表白自己。陈智说：“要是真的像别人告发的那样，把你们交给官府审讯，你们还能保全自己的家庭吗？今天，你们这些人自己到官府来，如果能拿出些粮食，救济些食物，可以转祸为福。”富人们痛哭流涕地磕头认罪，请求照陈智所说的办。这样共得到粮食一万多石，陈智用这些粮食救活了许多灾民，最后把那些富人释放了，没有治他们的罪。

【原文】

明高皇微行，见一村翁，问其生庚。翁言年月日时，皆与高皇同。高皇曰：“尔有子乎？”曰：“无。”“有田产乎？”曰：“无。”高皇曰：“然则何以自给？”曰：“吾养蜂耳。”曰：“尔蜂几何？”曰：“十五桶。”高皇默念：我有京省，渠有蜂桶敌之，此年月日时相合之符。又问：“尔于蜂岁割蜜几次？”翁曰：“春夏花多，蜂易采，蜜不难结，每月割之；秋以后，花渐少，故菊花蜜不尽割，割十之三，留其七，听其自啖为卒岁计。

我以春秋所割蜜易钱帛米粟，量入为出，以糊其口；而蜂有余蜜，得以不馁，明岁又复酿蜜。我行年五十，而恃蜂以饱。他养蜂者不然，春夏割之，即秋亦尽割之，无余蜜。故蜂多死，今年有蜜，明年无蜜，皆莫我若也。”高皇叹曰：“民犹蜂也，上不务修养，竭泽取之，民安得不贫以死？民死而税安从出？是亦不留余蜜之类也。蜂丈人之言，以为养民者法。”

【译文】

明朝的太祖皇帝微服出行，看见一位农村的老人，就问他的生辰年龄，老人所说的出生年、月、日和时辰与太祖皇帝的都相同。太祖皇帝问：“你有儿子吗？”老人回答说：“没有。”“有田产吗？”“没有。”太祖皇帝问：“那么，你靠什么养活自己呢？”“我靠养蜜蜂。”“你的蜜蜂有多少？”老人说：“有十五桶。”太祖皇帝心想：我有京都和各省，他有蜂桶和我的都、省数目相同，这又是年、月、日时辰相吻合的符验。又问：“你养蜂一年割几次蜜？”老人说：“春夏时花多，蜜蜂采蜜容易，蜜不难结，每月割一次；秋天以后，花渐渐少了，所以蜜蜂采菊花所酿成的蜜不能全割光，一般割十分之三，留下十分之七让蜜蜂自己去吃，以便为这一年考虑。我用春夏两季割的蜂蜜换成钱、布匹和粮食，根据收入状况来确定开支的限度，以便勉强维持生活；而蜜蜂有剩下的蜜，可以不挨饿，第二年又能酿蜜。我今年快五十了，靠养蜜蜂生活得很好。其他养蜜蜂的人就不是这样，他们春夏割蜜，即使是秋天也把蜜全都割光，没有给蜜蜂留下剩余的蜜，所以蜜蜂多数都饿死了。他们今年有蜂蜜，明年就没有蜂蜜了，都比不上我。”太祖感叹道：“老百姓就如同蜜蜂，身居上位的人如果不致力休养民力，而是涸泽而渔，老百姓怎能不因贫困而死呢？老百姓死了，税又从哪里出呢？这也是不留余蜜之类的做法。养蜂老人的话，可以作为休养民力、治理百姓的准则。”

【原文】

明吴兴沈万三，家富敌国，太祖欲杀之。马后谏曰：“彼虽富，然未尝为不法事，奈何以疑而杀之？”遂得免。后病剧，不肯服药，上强之，曰：“死生有命，虽扁鹊何益？使服药不瘳，陛下宁不以爱妾之故杀诸医乎？”

【译文】

明朝吴兴的沈万三家中财产多得和国库里的相当，明太祖想杀掉他。马后向太祖进谏说：“他虽然富有，但从来没有做过不合法的事，怎么能因为怀疑就杀他呢？”沈万三才得以免去一死。后来，马后病得厉害但不愿意服药，皇上强迫她服药，她说：“死和生都是命中注定的，即使是扁鹊那样的神医，又有什么用呢？假如服了药而病没有好，陛下您难道不会因为爱我而把那些医生全都杀了吗？”

【原文】

叶南岩刺蒲时，有群讧者诉于州。一人流血被面，经重创，胸几裂，命且将尽，公见之恻然。时家有刀疮药，公即起入内，自捣药，令舁之幕廨，委一谨厚廨子及幕官曰：“善视之，勿令伤风。此人死，汝辈责也。其家人不令前。”乃略加审核，收仇家于狱，而释其余。一友问

其故，公曰："凡人争斗无好气，此人不急救，死矣。此人死，则偿命一人，寡人之妻，孤人之子，又干证连系，不止一人破家。此人愈，特一斗殴罪耳。且人情欲讼胜，虽骨肉亦甘心焉，吾所以不令其家人相近也。"未几，伤者平，而讼遂息。

【译文】

叶南岩在蒲州任刺使时，有一伙打群架的人到州府前来告状。其中一个人血流满面，伤势很重，胸脯几乎裂开，奄奄一息。叶公看到这种情况后，感到非常哀痛。当时他家有刀疮药，便立刻到室内取出，亲自捣药，并让人把伤者抬到州府的办公处，委派一名恭谨忠厚的办事人员和幕僚看护，并嘱咐他们说："你们好好看护他，不要让他伤风。这个人若是死了，就是你们的责任。同时不能让他的家人与他接触。"嘱咐完之后，才大致地审问核实了一些情况，然后命令把那人的仇家抓起来关押到牢中，而将其他的人全都释放。有一个朋友问他这样做的缘故，他说："大凡人争斗，必然没有好声气。这个人如果不立即予以救治，就会死去。他死了，就得有一人来抵命。这样，不但使一个做妻子的成了寡妇、孩子变成了孤儿，而且还会使另一个做妻子的也成为寡妇、孩子变成孤儿。加上双方证人牵连，不止一人要遭受这场厄运。如果这个人好了，只不过是一场冲突斗殴事件。而且，人们都希望自己的官司能赢，这是人之常情，即使自己的骨肉之亲牵连在内，也心甘情愿。这就是我不让他的家人同他接近的原因。"没过多久，受伤的人伤好了，这场官司也就平息了。

政术十一

【提要】

从政要讲究技巧。本卷由从政的原则和根本目的谈起，列举了处理政事的各种方法和技巧。

【原文】

政有术乎？曰：有！徒善不足以为政，徒法不能以自行。苟无术，何有政？术者何？有心术以端其本，有学术以拓其用，夫然后因时因地因人，化而裁之，推而行之，庶有济乎！不然，祖宗之法，胥吏能言，乌在其为南面临之者哉？因摭曩轨，凡有关治要者著于篇。

【译文】

从政治国有技巧吗？回答说：有！仅仅心地善良不能够真正治理国政，仅仅凭借法规也不能在政界立足。假如没有技巧，怎么会有政治呢？那么，从政的技巧从何而来呢？用思想和心计来端正它的根基，用学问见识来拓展它的功能，然后再根据时间、地点、人物的不同情况而采用不同的方法斟酌裁定，并把它推广开来，大概是能够成功的。否则，祖宗流传下来的法规，办理文书的小官吏都能说得清楚，又何必需要皇帝南面称君以统领天下呢？因此，从以前的历史记载中，摘取了一些有关治理国政的重要内容，编成本篇。

【原文】

昔赵简子使董安于为晋阳，问政于蹇老。蹇老告以曰忠、曰信、曰敢。董安于曰："安忠乎？"曰："忠于王。"曰："安信乎？"曰："信于令。"曰："安敢乎？"曰："敢于不善人。"董安于曰："此三者足乎？"曰："足。"

【译文】

从前，赵简子派董安于到晋阳去做官，董安于便向蹇老请教如何从政。蹇老告诫他要做到忠、信、敢。董安于问道："忠于谁呢？"蹇老回答说："忠于王。"董安于又问："信什么呢？"蹇老回答说："信于政令。"董安于还问："敢于做什么？"回答说："敢于不赞同别人的意见。"董安于最后问道："做到这三点就具备了从政为官的条件吗？"蹇老回答说："足够了。"

【原文】

宋欧阳文忠公，为政宽简，而事不弛废。或问其术，曰："以纵为宽，以略为简，则弛废而民受其弊。吾所谓宽者不为苟急耳，所谓简者不为繁碎耳。"公又尝曰："凡治人者不问吏才能否，设施如何，但民称便即是良吏。"

【译文】

北宋的欧阳修，从政为官既宽容又简易，该处理的公事从不拖延。有人问他处理政事的方法，他回答说："从政如果把放任自流当作宽容，把弃置不顾当作简易，结果只能是该处理的事拖延废弃，让民众深受其害。我所讲的'宽'是指不要苛刻严厉、催逼太急，我所讲的'简'

是指不要对烦琐细碎的事一一过问。”欧阳修曾经还说：“凡是治政理民的人，用不着去过问下属的才干能力如何，也用不着去管他们如何安排行事，只要老百姓认为他办事便利，那就是好官员。”

【原文】

宋时辇运卒有私质市者。上闻之，曰：“倖门如鼠穴，何可尽塞？但去其尤者可也。篙工、楫师，有少贩鬻，第无妨公，不必究问。”吕蒙正对曰：“水至清则无鱼，人至察则无徒。曹参不扰狱市者，以其能兼受善恶也，若穷之则奸慝无所容，故告以慎勿扰耳。”

【译文】

北宋时替皇宫运货的士卒中，有将货物私自拿到市场上偷偷卖掉的。皇上听说此事之后，说道：“宠幸之门就好比是老鼠洞，哪能全都堵塞住呢？只要把特别突出的除掉，也就可以了。就像划船掌舵的人，偶尔也做些贩卖的营生，只要不妨碍公事，就没有必要去追究查问。”吕蒙正回答说：“水过于清澈，就没有鱼了；人过于精明，就没有可交往的朋友了。曹参当政时不干扰诉讼和市场交易，因为他能够同时容纳好人与坏人。假如一味地追查到底的话，奸邪的人就无处藏身而容易发生叛乱，所以曹参告诫他的继任者千万不要去干扰他们。”

【原文】

唐贞元中，咸阳人上言，见白起令奏云：“请为国家捍御西陲，正月吐蕃必大下。”既而吐蕃果入寇，败去。德宗以为信然，欲于京城立庙，

赠起为司徒。李泌曰："臣闻国将兴，听于人。今将帅立功，而陛下褒赏白起，臣恐边将解体矣。且立庙京城，盛为祈祷，流传四方，将召巫风。闻杜邮有旧祠，请敕府县修葺，则不至惊人耳目。"上从之。

【译文】

唐朝贞元(785—805)年间，有个咸阳人向皇帝进言，说是梦见秦国的名将白起，让他向皇上报告："请让我白起捍卫西部边陲，因为今年正月吐蕃将大举进犯。"后来吐蕃果然前来进犯，且被打败击退。唐德宗认为这件事十分灵验，打算在长安城里为白起修建庙宇，并赠给他司徒的称号。李泌说："我听说要使国家兴旺，就应顺乎民心。如今是将帅打败吐蕃建立了功劳，而陛下却要褒扬奖赏白起，我担心边关将领会因此而人心涣散。何况在京城里修建庙宇，举行盛大的祈祷，传播到全国各地，将会导致求神拜巫之风的盛行。听说杜邮县有个白起的旧庙，请皇上下令其所在的府、县修葺一番，那么就不至于惊动老百姓了。"皇上听从了他的建议。

【原文】

宋张忠定公焘为治，不以耳目专委于人，而探访民间事，颇得其实。李畋问其旨，公曰："彼有好恶，乱我聪明，但各于其党询之又询。询君子得君子，询小人得小人，虽有隐匿者，亦十得八九矣。"

【译文】

宋朝的忠定公张焘处理政事的时候，不是把了解民情的事全部委托别人去办理，而是自己亲自深入民间去探察了解民情，因而能较全面地掌握实情。李畋问他这样做的意图，他回答说："派去了解情况的人有他们自己的好恶，这样会看不到、听不到真实的情况，因为他们只是向与自己主张相同的人询问了再询问。现在我亲自下去，询问君子会了解到君子的情况，询问小人会了解到小人的情况。虽然也有隐瞒真实情况的人，但十成中也能了解到七八成了。"

【原文】

宋陈晋公恕，为三司使，将立茶法，召茶商数十人俾各条厉害。公阅之，第为三等，语副使宋太初曰："吾观上等之说，取利太深，此可行于商贾，而不可行于朝廷；下等固灭裂无取；唯中等之说公私皆济。吾裁损之，可以经久。"于是，始为三说法。行之数年，货财流通，公用足而民富实。世言三司使之才，以恕为称首。

【译文】

宋朝的晋公陈恕担任三司使，打算制定一部茶法。他召集茶商几十人，让他们各自陈说利害。三司官吏将他们的意见归纳为三等，陈恕看了后对副使宋太初说："我看上等之说，税利太重，这只能在商人中推行，却不能被朝廷采用立为法令；按照下等之说，又几乎收不到茶

税;只有中等之说,公私兼顾。我们将它稍加修改后,可以长期采用。”于是,制定了三等茶法。推行数年,货财流通,国家费用充足,老百姓也都富裕殷实。社会上说起三司使的才干,推许陈恕为第一。

【原文】

明王阳明先生为政,务以元默化民。其知庐陵时,县庭宴然,民有讼者,亦不令人拘捕,但书一木牌付讼者,俾人随牌至而已。其不扰类如此。

【译文】

明代的王阳明先生为官的时候,致力于沉静无为地感化民众。当他在庐陵任知县时,县衙总是十分平静。凡是老百姓有前来告状的,也不下令让人去拘捕被告人,而是写一块木牌交给被告人,让他随牌到县衙听候审判。王阳明先生不扰民的做法,诸如此类。

荐亲友十二

【提要】

古人所谓“外举不避仇,内举不避亲”,本卷讲述任人唯贤是用人的基本原则。

【原文】

唐崔祐甫为相,荐举惟其人,不自疑畏,推

至公以行，日除十数人。未逾年，除吏几八百员，多称允当。帝尝谓曰：“人言卿拟官多亲旧，何耶？”对曰：“陛下令臣进拟庶官，夫进拟者，必悉其才行，若素不知闻，何由得其实？”帝以为然。

【译文】

唐朝崔祐甫担任宰相的时候，所举荐的官吏都是自己的故旧相识，从来不猜疑，不害怕别人说三道四。他举荐人才做得非常公正，每天拜官授职者达十多人。不到一年，经他举荐或任命的官吏将近八百名，大多做得适宜恰当。皇帝曾经问他道：“人们说你任用的官员多是你的亲戚或故交，这是怎么回事？”崔祐甫回答说：“陛下命令我推举、拟定将要任命的官员，对这些人，我必须了解他们的才能和品行，如果平时对他们一无所知，我怎么能了解他们的实际情况呢？”皇帝认为他说得很对。

【原文】

宋范文正公仲淹为参政，每取班簿，视监司不才者，一笔勾之，以次更易。富文忠公弼曰：“六丈则是一笔，焉知一家哭矣？”公曰：“一家哭，何如一路哭耶？”遂悉罢之。

【译文】

北宋的文正公范仲淹担任参知政事的时候，常拿起登记官员姓名、等级的名册审查，凡是监、司一级的官员有不称职的，就一笔将他的姓名勾掉，并按照先后次序更改调换。文忠公富弼对他说：“对您来说，只不过是轻轻一笔，您哪里知道他们一家会因此哭泣呢？”范仲淹回答说："一家哭泣，怎能跟一个地区的老百姓哭泣相比呢？"于是，他把那些不称职者全都罢免了。

【原文】

汉卜式为郎，为武帝牧羊上林。岁余羊肥息，上过见其羊善之。式曰："非独羊也，治民亦犹是也，以时起居，恶者辄斥去，勿令败群。"上以式为奇，拜为缑氏令。

【译文】

汉代的卜式被任命为中郎后，在上林苑替汉武帝牧羊。过了一年多，羊都长肥了，并且生了许多小羊。汉武帝到上林苑时见到这些羊后，对卜式称赞不已。卜式说："不只牧羊应该这样，治理民众也应该如此。按时作息，发现邪恶的人就罢免他，不能让他们带坏了别人。"汉武帝认为卜式有奇才，就授给他缑氏县令的官职。

【原文】

宋李相沆，真宗尝问治道所宜先，沆曰："不用浮薄新进喜事之人，此最为先。"问其人，曰："如梅询、曾致尧辈是矣。"沆尝曰："居重位，实无补，惟中外所陈利害一切报罢，此少以报国耳。朝廷防制，纤悉备具，或徇所陈请施行一事，即所伤多矣，陆象山所谓庸人扰之是也。佥壬苟一时之进，岂念厉民耶？"

【译文】

北宋时李沆担任宰相，宋真宗曾经问他治理国家首先应当注意什么。李沆回答说:“不任用那些轻浮浅薄、新入仕途和喜好多事的人,这是首先应当注意的问题。”宋真宗又问这是指哪些人,李沆回答说:“像梅询、曾致尧之类的人。”李沆曾经还说过这样的话:“我官居重位,实际上对国家没有什么补益,只有将朝廷内外所陈述的有关国家利害的事全部报告给皇上,这才稍微能起到报效国家的作用。朝廷的各项制度制定得非常完备,如果按照某人的陈述请求兴办某件事,所造成的损害必定很多,这就是陆象山先生所说的‘天下本无事,庸人自扰之’之类。巧言谄媚、行为卑鄙的人一旦被重用,他们怎会顾及到自己的言行是否会损害百姓的利益呢?”

治本十三

【提要】

本卷辑录了革除积弊的实例,表明理政治民要做到标本兼治,改革弊政更要以治本为重。

【原文】

宋明镐为龙图阁直学士,知并州时,边任多纨绔子弟。镐乃取尤不职者杖之,疲软者皆自解去,遂奏择习事者守堡砦。军行,娼妇多从之。镐欲驱逐,恶伤士卒心。会有忿争杀娼妇者,吏执以白,镐曰:“彼来军中何邪?”纵去不治。娼妇皆散走。

【译文】

宋朝的明镐是龙图阁直学士，在他担任并州知州时，边疆官吏大多是些纨绔子弟。明镐于是选取其中最不称职的人加以杖罚，办事拖拉无能的人都自己解职离开了，明镐便奏请朝廷选用熟悉军务的人驻守边塞。军队出发的时候，许多妓女跟随着。明镐想把她们驱赶走，又担心伤害士兵的心。正巧这时候有人因愤怒争执而杀害了妓女，主管的官吏把杀人的士兵绑来报告给明镐。明镐说："那些娼妇为什么要跑到军中来呢？"下令把杀人者释放了，没有治罪。娼妇们于是全都跑光了。

【原文】

后汉廉范，字叔度，为蜀郡太守。成都地迫屋狭，百姓夜作以供衣食，又禁火，覆蔽之，失火者日属。范放令夜作，但使储水。百姓皆悦而歌曰："廉叔度，来何暮？不禁火，民安作。昔无襦，今五袴。"

【译文】

东汉时的廉范，字叔度，曾任蜀郡太守。当时成都地区人多地少，百姓的房屋都很狭窄，老百姓晚上都要做工，用来供给吃穿。而政府为防止火灾又禁止夜里燃火点灯，老百姓只好在夜里把灯光遮掩起来，这样失火的事每天接连不断地发生。廉范到任后放宽禁令，准许老百姓夜里做工，但是要求家家都准备好防火的水。老百姓都高兴地唱道："廉叔度，您怎么不早点到我们成都来？不禁火，老百姓夜里可以安心把工做。从前没有短袄穿，如今人人都有五条裤。"

【原文】

汉陈仲弓为太邱长，有劫贼杀财主，将往捕之。未至发所，道闻民有在草不收育子者，回车往治之。主簿曰：“贼大，宜先按讨。”仲弓曰：“盗杀财主，何如骨肉相残？”

【译文】

汉朝的陈仲弓任太邱县令时，有强盗杀害了资财的主人，陈仲弓正要前去追捕。还没有到达出事地点，在途中又听说有人生下孩子却丢弃在草里不愿收养，陈仲弓就马上驱车返回，要前去处治。主簿说：“强盗杀人，事关重大，应该先去追捕。”陈仲弓说：“强盗杀死资财的主人，怎比得上骨肉相残的事件严重呢？”

【原文】

明永乐时，万观知严州，七里泷渔舟数百艘，昼渔夜窃，行旅患之。敕令十艘为一甲，各限以地使自守，繇是无复有警。

【译文】

明朝永乐（1403—1424）年间，万观任严州府知府。当时在七里泷一带的渔船有几百艘，他们白天打鱼，晚上偷窃，过往的行人客商都认为这是一大祸患。万观于是发布命令，让每十艘船编成一甲，各自固定在一定的区域范围内活动，负责保证本编制单位内的安全。从此以后，就不再有报警的了。

【原文】

宋李公择，知齐州，齐素多盗，痛治之不止。

他日得黠盗，察其可用，刺为兵，使直事铃下。问其故，曰："此繇富家为之薮，使盗自相推为甲乙，官吏巡捕及门，只擒一人以首，则免矣。"公择乃令：凡得藏盗之家，皆发屋破柱。盗窃始清。

【译文】

宋朝的李公择曾任齐州知府，这个州向来多强盗，他虽极力整治，偷窃的事仍然不断发生。有一天，捕捉到一名机灵狡猾的强盗，李公择发现他可以任用，就让他充任兵丁，让他在左右听候差遣。李公择问他为什么强盗捕捉不尽，他回答说："这是因为有钱人家是他们的庇护之所，他们让强盗排定先后次序，一旦官吏搜捕到自家门前时，一人自首，其余的人就都保护下来了。"李公择于是下令：凡是搜到隐藏强盗的人家，就要拆毁房屋、砍断梁柱。从此，窃贼终于被彻底肃清了。

【原文】

明平湖陆太宰光祖，初为浚令，有富民枉坐重辟，相沿数年。官以其富，恐涉嫌疑，不敢为之白。陆至访实，即日破械出之，然后闻于上台。或曰："此人素以富名，奈何骤出之？"陆曰："但当问其事之枉不枉，不必问其家之富不富。果不枉，夷齐恐无生理；如枉，陶朱亦无死法。"

【译文】

明朝平湖人太宰陆光祖，当初任浚县县令的时候，有一个富人被冤枉受了重刑，案子拖了好几年都没有判决。当地的官员因为他家富有，惟恐涉嫌受贿，都不敢为他辩白。陆光祖到浚县后，察访到实情，当天就去掉枷锁将他释放了，然后把案情汇报给上级主管官员。有人问他："这个人向来以有钱闻名，你为什么这么快就把他释放出来了呢？"陆光祖回答说："应当只追究事情冤枉不冤枉，而没有必要追问他家里富裕不富裕。要是果真不冤枉，即使他像伯夷和叔齐那样清贫，也没有让他活着的道理；假如确实冤枉，即使他如陶朱公那样富有，也没有让他死去的道理。"

【原文】

宋罗点守平江，有主讼其逐仆欠钱者，审问得实。而仆狡黠欲污其主，自陈偿与主之侍妾通。点知其诬，乃判云："奴既负主钱，又私其婢，事虽无证，即其自供，合从奸断。责还所负外，徙配施行。所有女使，俟主人有词日另究。"闻者快之。

【译文】

宋朝的罗点任平江知府时，有主人状告被辞退的仆人欠钱不还，

经审问情况属实。但这个奴仆狡猾奸诈，想乘机侮辱他的主人，就自己说自己曾经与主人的侍妾私通。罗点知道这事是仆人故意诬陷，就宣判说："奴仆不仅欠主人的钱，还与主人的侍妾私通，事情虽然没有证据，但属奴仆自供，应按奸情判决。除责令偿还所欠钱款外，另外发配服劳役。至于案情涉及的那名侍妾，等到主人有了她私通的供词后另行追究。"听到判词的人都觉得大快人心。

粒民十四

【提要】

赈灾济民是仁政的具体体现。本卷主要探讨了历史上不同时期的救荒措施及其利弊得失。

【原文】

天生五材，人利赖焉。土爰稼穑，而金饥木穰火灾水淫，岁或不登，则粒食之道几穷，区画而挹注之，长民者之责矣。夫民为邦本，食为民天。酌盈剂虚，良法具在，可勿亟讲欤？

【译文】

天然生成的金、木、水、火、土五种物质，是人类赖以生存的物质基础。土地可以用来播种庄稼，但如果金少、木盛、火大、水多，就可能导致一年收成不好，那么用粮食供养老百姓就很困难。按照地区情况好好规划一下，调剂粮食流通，这是为官理政的人的责任。老百姓是国家的根本，而老百姓以食为天。从产粮多的地区将粮食调剂到少粮的地区，好办法非常多，怎么能不马上讲出来呢？

【原文】

汉宣帝时，大司农耿寿昌，请粜三辅宏农诸郡谷以供京师，又令边郡皆筑仓。以谷贱时增价而籴，谷贵时减价而粜，名曰“常平”。民甚便之。

【译文】

西汉宣帝时期，大司农耿寿昌要求三辅地区和弘农郡等地将所出产的粮食供应京城，又让边境各郡都修建粮仓。当粮食价格便宜的时候，提高价格收购粮食储存起来；当粮食价格高涨的时候，又降低价格卖出去。这种粮仓被称作“常平”。老百姓因此感到很便利。

【原文】

隋开皇三年，以京师仓廪尚虚，议为水旱之备。工部尚书孙平，请令诸州百姓及军人劝课当社，共立义仓。收获之日，随其所得，劝课出粟及麦，于当社造仓窖贮，即委社司简校每年收积，勿使损败。若时或不熟，当社有饥者，即以此谷赈给。

【译文】

隋文帝开皇三年(583)，因为京城粮仓仍非常空虚，朝廷商议如何做好预防水旱灾害的准备。工部尚书孙平请求朝廷下令各州县，勉励老百姓和军人积极缴纳赋税，并让每社建立一座义仓。具体办法是：

每到收获庄稼的时候，依据收入情况，勉励他们交纳一定数量的谷子和麦子，在本社建造仓库贮存起来，再委派社长负责检查核对每年收藏的数量，不让粮食减少和损坏。假如遇到年成不好，本社里有没饭吃的人时，就用这些粮食去接济他们。

【原文】

宋乾道四年，朱公熹请于府，得常平米六百石贮贷。夏受粟于仓，冬则加息以偿。欠蠲其息之半，大饥尽蠲之。凡十四年，以米六百石还府，见储米三千一百石以为社仓，不复收息。故虽遇欠，民不缺食。诏下熹社仓法于诸路。

【译文】

宋孝宗乾道四年(1168)，朱熹向官府请求借常平仓米六百石，贮存起来用于借贷。老百姓夏天从常平仓里借粮食，到了冬天就加上利息偿还。遇到歉收的年景，就减免利息一半；遇到大饥荒的年景，利息则全部减免。经过十四年，不但将从官府借来的六百石米全部归还，而且还增加储米三千一百石。朱熹用这些粮食建立社仓，借出去不再收息。这样，即使遇到歉收的年景，老百姓也不缺饭吃。朝廷颁布诏书，将朱熹的社仓法在各路推行。

【原文】

范忠宣公在襄城时，久旱不雨。公度来岁必缺粮，遂尽集境内客舟，召其主而谕之曰：“民将无食，尔等商贩唯以五谷贮于佛寺中，候缺食时，吾为汝主粜。”众贾从命，运贩不停，以至春首，所蓄无虑十数万。诸县饥，独境内之民不知也。

【译文】

宋朝的忠宣公范纯仁在襄城任职时，长久干旱没有下雨。他估计到明年必定缺粮，于是将境内的商船全部集中到一起，召集船主告诉他们说："老百姓明年将会没有粮吃，你们现在就贩运粮食，将它贮存在佛寺之内。等到缺粮的时候，我替你们做主卖出去。"众商人听从了他的命令，不停地运贩粮食。到第二年开春的时候，所贮存的粮食已不少于十几万石。这样，当其他各县都发生了饥荒时，只有襄城境内的民众没有感到饥荒的发生。

【原文】

宋皇祐二年，吴中大饥，时范仲淹领浙西，发粟及募民存饷，为术甚备。吴人喜竞渡，好为佛事，仲淹乃纵民竞渡，太守日出宴于湖上，自春至夏，居民空巷出游。又召诸佛寺主守，谕之曰："饥岁工价至贱，可以大兴土木。"于是诸寺工作并兴。又新仓廒吏舍，日役千夫。监司劾奏杭州不恤荒政，游宴兴作，伤财劳民。公乃条奏："所以如此，正欲发有余之财以惠民，使工役佣力之人，皆得仰食于公私，不致转徙沟壑耳。"是岁惟杭饥而不害。

【译文】

宋仁宗皇祐二年（1050），吴中发生大饥荒，当时范仲淹在浙西路任职，他发放粮食并招募老百姓做工挣钱，救荒的措施很全面。吴地人很喜欢比赛划船，又信奉佛教。范仲淹便发动民众比赛划船，太守也每天到湖上举办宴会，从春天到夏天，全城居民倾城出游。范仲淹又召集各佛寺的主持，告诉他们说："荒年的工价非常便宜，可以大兴土木。"于是，各佛寺大兴工程。官府又重新修缮仓库和官员们的房舍，每天动用的劳工达千人。监察州县的长官向朝廷上奏，弹劾杭州官员不担忧灾荒年间的政务，而是游览、宴会、大兴土木，劳民伤财。范仲淹于是逐条上奏陈述理由："之所以这样做，正是想开掘有余的财力，使百姓得到好处，使出卖劳力的人能从公家或私人那里挣得一份饭吃，不致流离失所而死在荒郊野外。"这一年只有杭州虽然遭受饥荒，却并没有造成大的灾害。

【原文】

宋陈尧佐知寿州，岁大饥，公自出米为糜以食饥者。吏民以公故，皆争出米，活数万人。公曰："我岂以是为私惠哉？盖以令率人，不若身先而使其乐从也。"

【译文】

宋朝的陈尧佐任寿州知府时，当年发生了大饥荒，陈尧佐自己拿出米来熬粥救济灾民。其他官员和百姓也纷纷仿效，都争着拿出米来，救活了数万人。陈尧佐说："我这样做难道是为了表示个人的恩惠吗？因为用命令去统率别人，还不如自己带头，让他们乐于跟从。"

【原文】

元大德中，行红帖粮。初赈粜粮，多为豪右嗜利之徒用计取巧，不能周及贫民。于是令有司籍两京贫乏户之数，置半印号簿文帖，各书其姓氏口数，逐月对帖以给。大口三斗，小口半之，其价视赈粜之值，三分常减其一，与赈并行。

【译文】

元成宗大德(1297—1307)年间，推行红帖粮。当初，国家发放救济粮时，多被豪门大族中贪图利益的人用计策巧妙地夺走了，不能全部发放到贫民手中。于是，命令主管官员登记两京一带贫困户的数目，设置盖有半个印的簿册和文帖，上面分别写上各户的姓名和人口数目，每月对照文帖发放救济粮。人口多的每户给三斗，人口少的每户给一斗半，价格按照救济粮的价格，减少三分之一收费。红帖粮与救济粮一起施行。

【原文】

唐刘晏谓："王者爱人，不在赐与，当使之耕耘织纴，常岁平敛逐之，荒则蠲救之。诸道各置知院官，每旬月具州县雨雪丰欠之状。荒欠有端，则计官取赢，先令蠲某物，贷某户。民未及困，而奏报已行矣。”议者或讥晏不直赈救，而多贱出以齐民。晏则以为，善治病者不使至危惫，善救灾者勿使至赈给。盖赈给少，则不足活人；活人多，则国用阙；国用阙，则复重敛矣。况赈给多侥幸吏，群合为奸，强得之多，弱得之少，虽刀锯在前不可禁。灾之轸乡所乏粮尔，他产尚在。贱以出之，因人之力转于丰处，或官自用则国计不乏。多易菽粟，恣之籴运，散入村闾，下户立农，不能诣市，转相递逮，自免阻饥。

【译文】

唐代的刘晏说：“国君爱护百姓，并不在于赏赐给百姓多少东西，而是应该让他们耕种纺织，自我供给，平常年景向他们征收赋税，灾荒年则加以赈济。为此，需要在各道分别设置知院官，负责上报各个州县每月降雨、下雪和收获的情况。一旦出现灾荒歉收苗头，负责安排国家财政支出的官员，就可以根据以往的积蓄，先下令免除某些征收物品，给受灾的农户借贷。这样在老百姓还没有陷入困境的时候，奏请朝廷免除赋税的报告就已经送上去了。”朝廷官员讨论时，有人讥笑刘晏的这种主张目的不是救济百姓，而是把国库中的粮食以低廉的价格送给百姓。刘晏则认为，善于治病救人的人，不会让病人达到危险疲惫的境地；善于救灾的人，不会使百姓靠救济粮款过日子。救济的粮款发放太少，不足以救活受灾的民众；救济的粮款发放太多，国库的财富就会减少。国库财富减少了，又会加重赋税征收。况且，过多地发放救济粮，那些贪图意外之财的官吏，就会群起作弊。强横之人得到的多，懦弱之人得到的少，即使有刀砍斧锯的刑罚也禁止不了。况且，灾区缺乏的只是粮食，其他出产还是有的，用便宜的价格调剂出来，将它转运到其他粮食丰收的地区，或者留给官府自己使用。这样，国家的收入不会缺乏，可以多买粮食，运送灾区，发放乡村，送到贫穷农民的手中，帮助他们恢复生产。这一部分救济的粮食不用在集市上流通，就可以达到救济灾民的目的。否则，长途转运，道路阻隔，自然难免耽搁救济饥荒。

【原文】

宋文潞公在成都，米价涌贵，因就诸城门相近寺院凡十八处，减价粜卖，不限其数，张榜通衢，米价顿减。前此，或限升斗，或抑市价，适足以增其气焰，而价终莫平，乃知临事须当有术也。

【译文】

宋朝的文潞公在成都任职时，米价上涨得厉害，于是他就下令在城门附近的十八所寺院中降价卖米，不限制购买的数量，并在大街上张榜公布，这样米价一下降了下来。而在此之前，或是限制购买的数量，或是强制压低米价，恰恰助长了米商涨价的气焰，结果米价始终没有降下来。因此可见，遇事应当有好方法来处理。

【原文】

明景泰中，淮徐饥死者相枕藉，山东河北流民猝至都。御使王竑不待报，亟发广运仓以

赈之，所全活数十万人。初流民奏至，上于梭桥上读之，大惊曰：“饥死吾百姓矣，其奈何？”已而得发廪奏，乃大喜曰：“好都御使！”

【译文】

明朝景泰年间(1450—1457)中期，淮徐一带饿死的人很多，山东、河北的流民也突然涌进京都。都御使王竑没有等到朝廷批准，就马上发放广运仓的粮食来救济流民，所救活的灾民达数十万人。当初，代宗皇帝在梭桥上读到流民涌进京城的奏报后，大惊道：“饿死了我的百姓，该怎么办？”不一会儿，收到王竑发放官仓粮食的奏折，他非常高兴地说：“真是一位好御使！”

妙判十五

【提要】

本卷辑录了古人断案如神、巧妙判决的案例。

【原文】

法吏之案如山，小民之口如川。钩深而文致之，折其词矣，无以折其心，奈何？夫简于五辞，征于五听，尚多疑焉，乃或片言判决，而两造帖然者，抑又何欤？因集其事，以资明慎者之考鉴云。

【译文】

等待判决的案件堆积如山，那么百姓的传言就会如江河一般。探取案情的深微之处，搬弄法律条文，判人以罪，这只能在词句上折服人，却不能使人心服口服，该怎么办呢？从原告和被告双方的五种陈词中去选择相关信息以了解案件，再用五听的方法来加以证实，尚且还有许多疑问，而有的人竟然只用片言只语判决案件，却让原告和被告都心服口服，这又是为什么呢？因此我把此类判案故事汇集起来，以便给明智谨慎的人提供参考借鉴。

【原文】

唐柳公绰节度山东，行部至邓。吏有纳贿舞文者二人，同系。县令谓公绰素持法，必杀贪者。公绰判曰："赃吏坏法，法在；奸吏犯法，法亡。"竟诛舞文者。

【译文】

唐朝的柳公绰任山东节度使时，巡察所辖属地的官吏政绩时来到邓州。当时邓州关押着两名犯法的官吏，一个因为收取贿赂，一个因为利用法律条文作弊。县令认为柳公绰平素执法严明，必定会杀掉那个贪赃受贿的人。柳公绰却判决说："赃官虽然犯法，但法律条文依然存在；奸吏破坏法律，法律就名存实亡了。"最后把利用法律条文作弊的人杀了。

【原文】

有富民张老者，妻生一女，无子，赘某甲于家。久之，妾生子，名一飞，育四岁而张老卒。

张老病时谓婿曰：“妾子不足任，吾财当畀汝夫妇耳。但养彼母子，不死沟壑即汝阴德矣。”于是出券书，云：“张一，非吾子也，家财尽与吾婿，外人不得争夺。” 婿乃据有张业不疑。后妾子壮，告官求分，婿以券呈官，遂置不问。他日，奉使者至，妾子复诉，婿仍前赴质。奉使者因更其句读曰：“张一非（非，飞谐音），吾子也，家财尽与。吾婿外人，不得争夺。”曰：“尔妇翁明谓‘吾婿外人’，尔尚敢有其业耶？诡‘飞’作‘非’者，虑彼幼为尔害耳。”于是断给妾子，人称快焉。

【译文】

有一富户张老，妻子只生了一个女儿，没有儿子，便招赘某甲到家里。过了很久，他的妾生了一个儿子，取名一飞。儿子养到四岁时张老就死了。老人生病时对女婿说：“妾生的儿子不值得信任，我的财产将全部交给你们夫妇。但你们要奉养好他们母子，不要让他们死在荒郊野外，这就是你们所积的阴德。”于是拿出契据，上面写道：“张一，非吾子也，家财尽与吾婿，外人不得争夺。”他的女婿于是占有了张家的全部产业，根本没有人怀疑。后来妾所生的儿子长大成人，告到官府，要求分得财产。张家女婿便将契据拿给官府，官府搁置一边不再受理。过了些日子，奉命出使的官员来到当地，张一飞又去告状，女婿仍然前去对质。使者于是改变契据的断句，念道：“张一非（非，飞的谐音），吾子也，家财尽与。吾婿外人，不得争夺。”并对女婿说：“你妻子的父亲，明明说‘吾婿外人’，你怎么胆敢占有他的家业呢？故意将‘飞’写‘非’，是考虑到他还年幼，担心被你害死罢了。”于是，将家业断给妾所生的儿子，人人都拍手称快。

【原文】

汉颍川有富室，兄弟同居，妇皆怀妊。长妇胎伤，弟妇生男，长妇遂盗取之。争讼三年，州郡不能决。丞相黄霸，令走卒抱儿去两妇各十步，叱令自取。长妇抱持甚急，儿大啼叫。弟妇恐致伤，因而放手，而心甚怀怆。霸曰："此弟子。"责问乃服。

【译文】

汉代颍川郡有一家富户，兄弟两人同住在一个屋檐下，他们的妻子同时怀了孕。嫂子的胎儿夭折了，弟媳生了一个男孩，嫂子就偷偷将男孩偷了过去。官司整整打了三年，州郡官员都无法判定。后来丞相黄霸审理此案，命差役抱着孩子离开嫂子和弟媳各十步，呵斥她们让她们自己夺取。嫂子抢得十分急切，小孩子大声啼哭。弟媳惟恐小孩受伤，因而放手，但心里却十分悲痛。黄霸说："这是弟弟的儿子。"经过责问，兄嫂只得认罪。

【原文】

宋陈祥知惠州，郡民有二女，嫁为比邻者。姊素不孕，妹生子，而姊之妾适同时产女，诡言产子。夜焚妹旁舍，乘乱窃其儿以归。妹觉之，往索弗予。讼于府，无证。祥佯自语："必杀此儿，事即了耳。"乃置瓮水堂下，曰："吾为溺此儿以解纷。"密谕一卒谨视儿，而叱左右作为投儿状，亟逐二妇使出。其妹失声争救不可得，颠仆堂下，而姊竟去不顾，祥即断儿归妹而杖姐妾。一郡称神。

【译文】

宋朝的陈祥任惠州知府时，郡内一百姓有两个女儿，嫁给了近邻的两户人家。姐姐一直不能生育，妹妹生了一个儿子，姐夫的妾正巧这时也生了一个女孩，但她们假称生了个男孩。有天夜里她们放火烧掉了妹妹屋旁的房舍，并乘乱把妹妹的儿子偷了过来。妹妹发现后，到姐姐家索要儿子，姐姐不肯给。妹妹就告到郡府，可是又拿不出证据。陈祥假装自言自语地说："必须杀了这个小孩，这件事才能了结。"然后将一只大水缸放在公堂之下，说："我要淹死这个孩子，来为你们解除纠纷。"私下里又告诉一名差役小心地看护住小孩，然后大声命令左右差役，假装要把这小孩投进缸里，并驱赶这两名妇女让她们出去。妹妹失声痛哭，争着抢救孩子而不可得，跌倒在公堂之下，而姐姐竟然离开，置孩子于不顾。陈祥马上将孩子判给妹妹，并杖责了姐姐和小妾。全郡都称赞陈祥断案如神。

【原文】

吉安州民娶妇，有盗乘人冗杂，入妇室潜伏床下，伺夜行窃，不意明烛达旦者三夕，饥甚，奔出，执以闻官。盗曰："吾非盗，医也。妇有癖疾，令我相随用药耳。"宰诘问再三，盗言妇家事甚详，盖潜伏时所闻枕席语也。宰信之，逮妇供证，恳免，不从。谋之老吏，吏曰："彼妇初归，不论胜负，辱莫大焉。盗潜入突出，必不识妇，请以他妇出对，盗若执之，可见其诬矣。"宰曰："善。"选一妓，盛服舆至。盗呼曰："汝邀我治病，乃执我为盗耶？”宰大笑，盗遂服罪。

【译文】

吉安州有位百姓娶妻，有一个小偷乘人多杂乱之际，偷偷进入新房中潜伏床下，伺机在夜里偷盗。不料，新房里的蜡烛连续三个晚上都一直点到天亮，小偷饿得受不住，只得跑出来，被抓住告到官府。小偷说：“我不是小偷，而是医生。这个新娘患有一种怪病，让我跟随她治病开药。”州宰盘问再三，小偷说起新娘家的事都非常详细，这是因为他躲在床底下时听到了新婚夫妇所说的话。州宰听信了小偷的话，要将新娘抓来证实供词，新娘恳求赦免小偷，不愿意来。州宰同一位老吏商量，老吏说：“那个新娘刚刚结婚，无论对质是否属实，对她都是莫大的侮辱。小偷悄悄地进去又突然跑出，肯定不认识这个新娘。只要让另外一位妇女出来与小偷对质，假若小偷说认识她，就可证明小偷是在骗人。”州宰说：“好办法。”于是选了一名妓女，让她打扮好乘着轿子来到官府。小偷见到她就叫道：“你请我治病，怎么竟然把我当小偷抓起来呢？”州宰大笑，小偷只得认罪。

【原文】

宋张咏在崇阳，一吏自库中出，视其鬓旁下有一钱。诘之，乃库中钱也。咏命杖之，吏勃然曰：“一钱何足道，乃杖我耶？尔能杖我，不能斩我也。”咏笔判曰：“一日一钱，千日千钱，绳锯木断，水滴石穿。”自仗剑下阶斩其首，申府自劾。崇阳人至今传之。

咏知益州时，尝有小吏忤。咏械其颈，吏恚曰：“枷即易，脱即难。”咏曰：“脱亦何难？”

即就枷斩之，吏俱悚惧。

贼有杀耕牛逃亡者，咏许自首。拘其母，十日不出，释之。再拘其妻，一宿而来。因断曰：“拘母十夜，留妻一宿。倚门之望何疏，结发之情何厚。”就市斩之。于是首身者继至，并遣归业。

【译文】

宋朝的张咏在崇阳任职时，一名官吏从官库中出来，他的鬓角边有一枚钱。经追问，原来是官库中的钱。张咏命令杖罚他，这个官吏勃然大怒地说：“一枚钱有什么了不起，怎能因此而杖罚我？你能杖罚我，但不能杀了我。”张咏提笔判决道：“一天偷一枚钱，一千天就偷一千枚钱。用绳子可以锯断木头，一滴水可以穿透石头。”于是他亲手握剑走下台阶将他斩首，然后申报州府，自我弹劾。这件事崇阳人传诵至今。

张咏任益州知府时，曾有一名小官吏顶撞他。张咏用枷锁套住他的脖颈，囚禁了他。小吏愤怒地说：“给我戴上枷锁容易，可卸掉这枷锁恐怕就困难了。”张咏说：“卸掉这枷锁有何难呢？”说完，便从靠近枷锁处砍了他的头，官吏们都非常畏惧。

有个杀了耕牛逃亡的盗贼，张咏准许他前来自首。开始抓了他的母亲，关押了十天，不见此人前来自首，就把他母亲放了。接着又抓来他的妻子关押，过了一夜此人就前来自首。张咏因此判决道："拘留母亲十日都无动于衷，拘留妻子才一晚就来自首；对待母亲的感情如此生疏冷淡，对待妻子的感情却如此深厚。"便在集市上将他斩首。于是自首的人都陆续而来，张咏便让他们全都回去从事生产了。

【原文】

湖州赵三，与周生友善，约同往南都贸易。赵妻孙氏，不欲夫行，已闹数日矣。及期黎明，赵先登舟，因太早，假寐舟中。舟子张潮利其金，潜移舟僻所沉赵，而复讹为熟睡。周生至，谓赵未来。候之良久，呼潮往促。潮叩赵门，呼三娘子，因问三官何久不来。孙氏惊曰："彼出门久矣，岂尚未登舟耶？"潮复周，周甚异，与孙分路遍寻，三日无踪。周惧累，因具牍呈县，县尹疑孙有他故害其夫。久之，有杨评事者，阅其牍曰："叩门便叫三娘子，预知他家无丈夫。"坐潮罪，潮乃服。

【译文】

湖州人赵三与周生友好，两人相约一起到南都做生意。赵三的妻子孙氏，不愿意丈夫走，为此吵闹了好几天。到了约定的那一天，天刚刚亮，赵三就先上了船。因时间还早，赵三便在船上睡觉。船夫张潮贪图他的钱财，偷偷将船划到偏僻的地方，将赵三沉入水里，然后将船划回原处假装睡得很熟。周生到后，张潮说赵三还没有来。周生等了很长的时间，就叫张潮前去催促。张潮敲赵三家的门，高喊三娘子，并问赵三官人为什么这么长时间还不来。孙氏吃惊地说："他已出门很久了，怎么还没有上船呢？"张潮回复了周生，周生感到很奇怪，就与孙氏分头四处寻找，一连找了三天，也没有一点踪迹。周生害怕这事连累自己，于是写了份申诉状送到县衙，县尹怀疑孙氏因为别的缘故而害死了丈夫。过了很长一段时间，有位杨评事，看到了办理此案的公文，说："敲门便叫三娘子，看来事先已知道她丈夫不在家。"于是判定张潮有罪，张潮只得认罪。

【原文】

新乡县人王敬戍边，留牝牛六头于舅李进处。养五年，产犊三十头。敬自戍所还，索牛。进云两头已死，只还四头老牛，余不肯还。敬忿之，投县陈牒。县令裴子云令送敬付狱，叫追盗牛贼李进。进惶怖，至县。叱之曰："贼引汝同盗牛三十头，藏于汝家，唤贼告对。"乃以布衫笼敬头，立南墙之下。进急乃吐疑云："三十头牛，总是外甥牝牛所生，实非盗得。"云令去布衫，进见，曰："此外甥也。"云曰："若是，即还他牛。但念五年养牛辛苦，令以数头谢之。"一县称快。

【译文】

新乡县人王敬要去服兵役戍守边疆，就把自己的六头母牛寄养在舅舅李进家里。李进养了五年，共产了牛犊三十头。王敬服完兵役后回来，前去要回自己的牛。李进说两头牛已经死了，只还四头老牛，其余的不愿意还给王敬。王敬非常生气，到县里告了状。县令裴子云命令将王敬押到狱中，并让差役追捕盗牛贼李进。李进惊惶害怕，来到县府。裴子云呵斥他说："有个盗牛贼供称说同你一起偷了三十头牛，藏在你的家里，叫小偷来当面对质。"又以布衫蒙住王敬的头，让他立在南墙之下。李进急忙说出了实情："三十头牛，都是外甥的母牛所生，确实不是偷来的。"裴子云让人去掉王敬头上的布衫，李进见了，说："这就是我的外甥。"裴子云说："要是如此的话，你立即还给他牛。但是，念及你养牛五年的辛苦，应该让王敬用几头牛答谢你。"全县人都对这样的判决拍手称快。

【原文】

明正德中，殷云霁知清江。县民朱铠死文庙西庑中，莫知杀之者。忽得匿名书曰："杀铠者某也。"某系素仇，众谓不诬。云霁曰："此嫁贼以缓治也。"乃集众胥于堂曰："吾欲写书，各呈若字。"有祝明者，字类匿名书，诘之曰："尔何杀铠？"明大惊曰："铠将贩于苏，独吾候之，因利其财，故杀之耳。"

【译文】

明朝正德（1506—1521）年间，殷云霁任清江县令。本县人朱铠死在文庙西边的厢房里，不知道凶手是谁。忽然有一天，收到一封匿名信，信上说："杀死朱铠的人是某某。"这个人向来同朱铠有仇，大家都认为匿名信所说没错。殷云霁却说："这是杀人者嫁祸于人，以便延缓此案的调查。"于是他召集小吏们到廷堂，说："我想学习写字，请你们每人把自己写的字呈献上来。"有一个叫祝明的人，字迹跟匿名信的很相似。殷云霁盘问他说："你为何要杀死朱铠？"祝明大惊失色，说道："朱铠到苏州贩运货物，当时只有我一人等候他，因为贪图钱财，所以把他杀了。"

【原文】

北魏孝文帝时，李崇为扬州刺使。寿春县人苟泰有子三岁，遇贼亡失，数年不知所在。后见在同县赵奉伯家，泰以状告。各言己子，并有邻证，郡县不能断。李崇令二父与儿分禁三处，故久不问。忽一日，密遣人分告二父曰："君儿昨不幸遇疾暴死。"苟泰闻即号咷，悲不自胜；奉伯咨嗟而已。崇察知之，乃以儿还泰，诘奉伯诈状。奉伯款引云："先亡一子，故妄认之。"

【译文】

北魏孝文帝时，李崇担任扬州刺使。寿春县人苟泰有一个三岁的儿子，因遇强盗而走失，多年不知道他的下落。后来看到孩子在同县人赵奉伯家里，苟泰就状告到县衙。两人都说孩子是他们自己的儿子，并各有邻居作证，郡县官员不能断案。李崇命令将两个父亲与孩子分别关押在三个不同的地方，故意很长时间不审理。忽然有一天，暗暗派人分别告诉两位父亲说："你的儿子不幸在昨天突然生病死了。"苟泰听到这个消息后，号啕大哭，悲痛欲绝；而赵奉伯只是叹息而已。李崇察知这一情况后，就将小孩归还给苟泰，同时审问赵奉伯欺诈的经过。赵奉伯只好认罪说："从前自己曾丢失过一个儿子，所以就胡乱地认领他做儿子。"

【原文】

汉孙宝为京兆尹，有卖馒馓于都市者，与一村民相逢，击落皆碎。村民认赔五十枚，卖者坚称三百枚，无以证明。公令别买一枚称之，乃称碎者纽折分两，卖者乃服。

【译文】

汉代的孙宝任京兆尹，有个到市集中卖馒馓的人，与一村民相撞，村民将馒馓撞落到地，全都碎了。村民只认赔五十枚，卖者坚持要他赔偿三百枚，没有办法证明撞碎的馒馓究竟是多少。孙宝叫人从别处买来一枚馒馓称了重量，然后将撞碎的馒馓全部称量，折合算出了撞碎馒馓的枚数。卖馒馓的人这才服气。

【原文】

唐贞观中，衡州板桥店主张迪妻归宁，有卫三、杨真等投宿，五更早发。夜有人取卫三刀杀张迪，其刀却内鞘中，真等不知。至明，店人追真等，视刀有血痕，囚禁考讯，真等苦毒，遂自诬服。上疑之，差御使蒋恒复推。恒命总追店人十五岁以上者毕至，为人不足且散，唯留一老婆至晚放出，命典狱密觇之，曰："婆出，当有一人与婆语者，即记其面貌。"果有人问婆："使君作何推勘？"如此三日，并是此人。恒令擒来鞫之，与迪妻奸杀有实。

【译文】

唐朝贞观(627—649)年间，衡州板桥店的店主张迪之妻回娘家探望父母，卫三、杨真等人到店中投宿，五更天就早早起来赶路。不料晚上有人拿卫三的刀杀死了张迪，并将杀人的刀子仍然插在卫三的刀鞘里面，卫三、杨真等人并不知道。天亮以后，店里人追上杨真等人，看到刀上有血迹，就把他们送到官府关押起来。因为严刑拷打，杨真等人不能忍受，就承认是自己杀人。皇上怀疑这一案件，就派御使蒋恒重新调查审理。蒋恒命令将店里所有十五岁以上的人全部逮捕，又以人数不全为由暂且把他们放了回去，只留下一个老婆婆，到晚上才把她放回去。同时又命令一名看管监狱的差役随后暗中监视，并说："老婆婆出去后必定有个人同她说话，你就把他的面貌记下来。"老婆婆出去后，果然有人问老婆婆："长官怎样推断这一案件？"一连三天都是如此，而且是同一个人。蒋恒命令将这个人抓来审讯，他就是与张迪妻子通奸并杀害张迪的人。

师谋十六

【提要】

本卷列举了历史上各个不同时期的将帅成功运用战略战术的经典范例，不仅可以让我们了解许多古代的军事知识，还可以让我们借鉴前人的成功经验并加以创造性运用。

【原文】

将而无谋，以其师予敌也，而谋之不臧，与无谋同。世所传韬略奇正之书，与其说之散著于史传百家者，非无可考。顾为将之道，在乎一心，临机御变，不可端倪。脱执纸上陈言，以为阃外秘略，此读书庸，赵括所以败也。慎无令孙吴笑人哉。

【译文】

将领没有谋略，等于将自己的军队交给敌人；而谋划得不好，同没有谋略一样。世上所流传的讲韬略奇正的书，以及散见于史传、诸子百家之中讲韬略奇正的，并非不可探求。但为将之道，在于用心筹谋，随机应变，不可暴露自己的意图动向。倘若拘泥于兵书上的旧说陈言，并把它们当作统兵将帅的秘略，只不过是一名书贩子而已，这也正是赵括之所以失败的原因。要谨慎啊！不要被孙子、吴起们所耻笑。

【原文】

魏庞涓攻韩，齐田忌救韩，直走大梁。涓闻之，去韩而归。孙子谓田忌曰："彼三晋之兵，素悍勇而轻齐。善战者因其势而利导之。兵法：'百里而趋利者，蹶上将；五十里而趋利者，军半至。'使齐军入魏地，为十万灶，明日为五万灶，又明日为三万灶。"庞涓行三日，大喜，曰："吾固知齐军怯，士卒亡者过半矣。"乃弃其步军，与其轻锐，兼程逐之。孙子度其行，暮当至马陵。马陵道狭而旁多阻隘，可伏兵。乃斫大树，白而书之曰："庞涓死此树下。"令齐军善射者万弩夹道而伏，期日暮见火而俱发。涓果夜至，见白书，钻火烛之，齐军万弩俱发。魏军乱，大败，庞涓自刎。

【译文】

魏国的将领庞涓率兵攻打韩国，齐国的将领田忌救援韩国，带着军队直攻魏国国都大梁。庞涓知道后，撤军离开韩国而回救大梁。军师孙膑对田忌说："那魏国的士兵向来剽悍勇猛而看不起齐国军队。善于作战的人，应该利用这种形势使它向有利于自己的方向转化。兵法上说：'军队每天行军百里去争夺利益的，必定要使上将受挫折；每天行军五十里去争夺利益的，只能有一半军队能达到。'我们齐军进入魏国之后，先搭建十万个军灶，第二天搭建五万个军灶，第三天搭建三万个军灶。"庞涓带兵追赶三天，见到齐军减灶的情况后十分高兴地说："我早就知道齐国的军队胆怯，逃走的士兵已经超过半数了。"于是舍弃了他的步兵，只带领精锐的骑兵日夜兼程地追赶齐军。孙膑估计他们的行程，晚上将到达马陵。马陵这地方道路狭窄，路旁又有许多险阻，可以埋伏军队。于是砍倒一棵大树，把树皮削白，在上面写道："庞涓死在这棵树下。"又命令齐军中善于射箭的士兵一万人埋伏在道路两旁，约定天晚时看到火光之后一起发箭。庞涓果然在夜里到达此地，见到树干白色的地方写着字，就取火照亮来看。齐军看到火光，万箭齐发，魏军大乱，大败而逃，庞涓自杀。

【原文】

晋祖逖将韩潜，与后赵将姚豹，分据陈川故城，相守四旬。逖以布囊盛土，使千余人运以馈潜，又使数人担米息于道。豹兵逐之，即抛而走。豹兵久饥，以为逖士众丰饱，大惧，宵遁。

【译文】

东晋祖逖的部将韩潜与后赵的将领姚豹，分别据守陈川故城的东台和西台，相互对峙了四十天。祖逖下令用布袋装土，派一千多人运送给韩潜，又派几个人挑米歇息在路上。等姚豹的士兵追上来，就丢下米担逃走。姚豹的军队早就缺粮了，以为祖逖的士兵军粮充裕，非常害怕，连夜就逃跑了。

【原文】

刘宋檀道济伐魏累胜。至历城，魏以轻骑邀其前后，焚烧粮草。道济军食尽引还。有卒亡降魏，告之。魏人追蹑，众汹惧，将溃。道济夜唱筹量沙，以所余少米覆其上。及旦，魏兵

见之，谓道济资粮有余，以降者为妄而斩之。道济全军而归。

【译文】

刘宋时的檀道济进攻北魏多次获胜。军队到达历城后，北魏用轻骑兵截击了他的先头部队及后军，把粮草全都烧光了。檀道济因军粮断绝撤退。有士兵逃跑投降北魏，把缺粮的情况报告给了北魏军队。北魏军队追赶上来，宋军军心动摇，马上就要溃败。檀道济让人夜里一边量沙子一边大声记数，并用剩下来的很少的一点米盖在沙子上。到天亮时，北魏的士兵看到了，都说道济的军粮有余，认为投降的人是胡说，于是杀了他们。檀道济因此得以全军而返。

【原文】

前汉七国反。太尉周亚夫击之，坚壁不战。吴兵乏粮，数挑战，终不出。后吴奔壁之东南陬，太尉使备西北。已而吴王精兵果奔西北，不得入。

【译文】

西汉时，吴、楚等七国反叛。太尉周亚夫率军前去平叛，他坚守军营，不与七国决战。吴兵缺粮，多次挑战，周亚夫始终没有出战。后来吴兵跑向军营的东南角，太尉命令防备西北角。不久，吴王的精兵果然集中向西北角进攻，但最终没能攻进去。

【原文】

宋毕再遇与金人对垒，一夕拔营去，留旗帜于营，豫缚生羊悬之，置其前二足于鼓上。羊

不堪倒悬，则足击鼓有声，金人不觉，相持数日始觉之，则已远矣。

【译文】

宋代的毕再遇同金兵对垒。一天晚上，毕再遇拔营撤退，而将旗帜留在空营里。他还预先绑了一只活羊倒挂起来，并将它的两只前蹄放在鼓上。羊难以忍受倒挂的痛苦，不停地用蹄子打鼓发出声音，金兵毫不知情。相持了好几天金兵才发现，而这时，宋军已经走远了。

【原文】

晋元兴间，桓玄既败，留何澹之守湓口。澹之空设羽翼旗帜于一舟，而身寄他舟。时何无忌欲攻之，诸将曰："澹之不在此舟，虽得无益。"无忌曰："彼不在此，守卫必弱，我以劲兵攻之，成擒必矣；擒之而我徒扬言已得贼帅，则我气盛，而彼必惧。惧而薄之，迎刃之势也。"果一鼓而舟获，鼓噪唱曰："斩何澹之矣。"贼骇惑，竟瓦解。

【译文】

东晋安帝元兴（402—404）年间，桓玄已经战败，他留下何澹之守卫湓口。何澹之在一条船上张设羽翼旗帜，而自己躲在另一条船里。当时何无忌打算发动进攻，众将领说："何澹之不在这条船上，即使攻下它也没有什么益处。"何无忌说："他不在这里，防守必定非常虚弱，我们用强兵去攻它，肯定能擒获这条船；一旦擒获这条船，我们只要扬言已经捉住贼帅，那么我军的士气就会高涨，而敌军必定会害怕。当敌军害怕的时候，我们再逼近他们，战胜敌军就成为迎刃而解的事了。"

果然一进攻就夺取了这条船，士兵们擂鼓呐喊道："已将何澹之斩首了！"何澹之的士兵惊恐惶惑，最终全部瓦解了。

【原文】

唐初，王世充与李密战，世充先索得一人貌类密者，缚而匿之。战方酣，使牵过阵前噪曰："已获李密矣。"士皆呼万岁。密军乱，遂溃。

【译文】

唐朝初年，王世充与李密作战。王世充先找到一个长得非常像李密的人，把他绑起来藏好。当双方战斗到正激烈的时候，他将这个人牵到阵前大声喊道："已经抓住李密了。"士兵们都高呼万岁。李密的军队乱了阵脚，溃散逃跑了。

【原文】

明王文成，与宁王战，值风不便，我兵少挫，急令斩取先却者头。知府伍文定等，奋督各兵殊死战，忽见一大牌，书："宁王已擒，我军勿得纵杀。"一时惊扰，遂大溃。次日宸濠思欲潜遁，见一渔船隐在芦苇中，大声叫渡。渔船移棹请渡，竟送中军。

【译文】

明朝的王文成与宁王作战，恰逢风向不利，军队小受挫折。王文成立即命令将最先撤退的人斩首示众。知府伍文定等人，奋力督促各路兵马殊死战斗。忽然见到一块大木牌，上面写着："宁王已被擒拿，我军不要乱杀。"宁王的军队一时惊恐混乱，终于大败。第二天，宁王朱宸濠想偷偷逃跑，发现一只船隐藏在芦苇丛中，便大喊渡河，渔船划过来请他上船，最终将他送到了王文成的中军大营。

【原文】

唐天宝中，禄山将令狐潮围睢阳。城中矢尽，张巡缚蒿为人，披黑衣，夜缒城下。潮兵争射之，得箭数十万。其后复夜缒人，贼笑不设备，乃以死士五百斫潮营，焚垒幕，追奔十余里。

【译文】

唐天宝（742—756）年间，安禄山的部将令狐潮围困睢阳。城中箭用完了，张巡就用草做成草人，披上黑色的衣服，夜里用绳子放到城墙下面去。令狐潮的士兵争着用箭向它们射击，张巡因此得到十余万枝箭。这以后又在夜里用绳子放下去一批士兵，令狐潮的士兵们只是发笑而不加防备。结果张巡放下去的五百名勇士猛攻令狐潮的军营，放火焚烧了营帐，迫使叛军后撤十余里。

【原文】

宋开禧中，毕再遇被围于六合，军中矢尽。再遇令人张青盖往来城上，金人意主兵官也，争射之，须臾矢集楼墙如猬，获矢二十余万。又敌尝以水柜败我，再遇夜缚蒿人数千，衣以甲胄，持旗帜戈矛，俨立戎行。昧爽鸣鼓，敌人惊视，急放水柜。旋知其非也，意甚沮。急出师攻之，敌遂大败。

【译文】

南宋开禧(1205—1207)年间,毕再遇率领的军队在六合被金兵围困,军中的箭当时已全部用完。毕再遇让人张开青色的篷盖在城墙上来回移动,金兵以为是带兵的军官在巡查,都争先恐后地用箭射击。一会儿,城楼上的箭就像刺猬一般多,结果收集到箭二十余万枝。还有一次,金兵曾用水柜打败宋军。毕再遇在夜里用蒿草扎成草人数千,给它们穿上铠甲,拿着旗帜和戈矛等武器,整齐地站着像一队队士兵。天快亮时,擂起战鼓,敌人惊疑中看见,急忙放水柜。不久才知是假的,非常沮丧。这时,毕再遇趁机发兵进攻,金兵被打得大败。

【原文】

侯景之围台城也,初为尖顶木驴来攻,矢石不能制。羊侃作雉尾炬,施铁镞,灌以油,掷驴上,焚之立尽。俄又东西两面起土山临城,城中惊骇。侃命为地道,潜引其土,山不能立。贼又作登城楼车,高十余丈,欲临射城内。侃曰:"车高堑虚,彼来必倒,无劳设备。"车动果倒。贼既频攻不克,乃筑长围。朱异等议出击之,侃不可。异不从,一战败退,争桥,赴水死者大半。后大雨城崩,盗贼乘之,垂入。侃令多掷火把为穴城,以断其路,而徐于内筑城,贼卒不能进。未几,侃遘疾卒,城遂陷。

【译文】

南朝梁代时候,侯景围攻台城,开始用尖顶木驴来攻,由于用射箭和抛石头的办法都不能抵挡，羊侃就创制了雉尾炬来对付。雉尾炬装有铁箭头，灌上油，掷在尖顶木驴上，很快就将木驴烧光了。不久，侯景又在东西两面垒起土山面对台城，城中的人十分惊惶害怕。羊侃命令士兵挖凿地道，偷偷地将土山的土运走，土山再也不能堆起来。侯景又制造了登城的楼车，高十多丈，想登上楼车向城内射击。羊侃说："楼车虽高，但壕沟内的土质疏松，车过来必定会倒下，用不着设防备战。"楼车果然一启动就倒了。贼寇多次攻城不下，就筑起长长的围城将台城包围起来。朱异等提议出城攻击，羊侃不同意，朱异不听劝阻，出战一次就败退而回。败退的士兵争着过桥，掉进水里淹死的人有一半多。后来大雨使台城崩塌，贼寇乘机进攻，眼看就要攻入城内。羊侃命令士兵将火把掷在城墙塌陷处，筑成火墙用以切断敌军的道路，然后慢慢在火墙后面筑起一座新城墙，敌军不能前进。不久，羊侃患病死去，台城才被攻陷。

【原文】

三国之季，晋师灭吴。吴人于江险碛要害处，并以铁锁横截之。又作铁锥长丈余，暗置江中，以逆距舟舰。晋将王濬作大筏数十万，令善水者先行，遇铁锥，锥辄著筏而去。又作大炬，灌以麻油，遇锁，燃炬烧之，须臾，融液断绝，舟行无碍。

【译文】

三国末年，西晋军队灭吴时，吴军在长江浅滩的要害处，用铁锁横截江面。又制造了一丈多长的铁锥，暗藏江中，用来阻挡晋军的船舰。晋将王濬便制作数十万只大筏，让善于游泳的人划着木筏先行，遇到铁锥，铁锥就被木筏牵引着向下游流去。王浚又制作了巨大的火炬，里面用麻油灌满，遇到铁锁，就点燃火炬来烧它，很短时间内就将铁锁熔化烧断，这样船舰在江中便畅行无阻。

【原文】

周瑜使甘宁据夷陵，曹仁围宁，宁困急求救。吕蒙说瑜分遣三百人，柴断险道，贼走可得其马。瑜从之。军到夷陵，即日交战，所杀过半。敌夜遁去，行遇柴道，骑者皆舍马步走，兵追蹙之，获马三百匹。

【译文】

三国时吴将周瑜派甘宁防守夷陵，魏将曹仁围困甘宁，甘宁被围困后急忙向周瑜求救。吕蒙劝说周瑜另外派三百人在险要之处用木柴阻断道路，以便在贼兵逃跑时可缴获他们的马匹。周瑜采纳了吕蒙的建议。周瑜率援军到达的当天两军交战，吴军所杀的魏军过半。魏军夜晚逃跑，经过堆满木柴的道路，骑马的人都丢掉马匹逃走，吴兵追赶上来，缴获战马三百匹。

【原文】

宋狄青在泾原，常密令军中：闻钲一声则止，再声则严阵而阳却，声止即大呼驰突。士卒皆如教。才遇敌，遽声钲，再声却，敌大笑。钲声止，忽前突之，敌兵大乱，追奔数里，前临深涧，敌忽壅遏山隅。青遽鸣钲而止，敌得引去。时将佐悔不追击，青曰：“奔命之敌，忽止而拒我，安知非谋？残寇不足贪也。”

【译文】

宋朝的狄青在泾原时，常秘密地给军队下令说：听到一声钲响就停止前进，听到第二次钲响就严阵以待，但表面上假装退却，钲声停止就大声呼喊着奔驰冲锋。士兵们都按照他所教的那样去做。有一次刚遇到敌人，钲声马上就响了，宋军停止了前进；第二次钲响时，宋军就开始退却。敌人见状大笑不已。这时，钲声停下来，宋军突然向前出击，敌兵大乱，被宋军追赶逃奔了好几里。这时前面是一条深涧，敌人忽然阻塞在山的一角，停止逃跑。狄青急忙击钲让士兵们停止追击，敌人得以逃走。当时将领们都后悔没有追击，狄青说：“逃命的敌军，忽然停止逃跑来抵抗我们，哪能知道是不是设下了计谋？用不着贪图全胜去追击残敌。”

【原文】

夏侯惇守濮阳，吕布遣将伪降，径却质惇，责取货宝。韩浩勒兵屯营门外，敕诸将按甲勿动。遂入诣惇所，叱劫质者曰：“若等凶顽，敢劫我大将军耶？吾受命讨贼，宁以一将军故纵若促？”召兵击劫质者。劫质者遑遽叩头乞赀物，浩竟捽斩之，惇得免。曹公闻而喜之，因著为令，由是劫质者遂绝。

【译文】

东汉末年，夏侯惇守卫濮阳，吕布派遣将领假装投降，却劫持夏侯惇为人质，勒索财宝。韩浩率领士兵赶到营门外，命令诸将按兵不动。然后自己进入营内，前往夏侯惇所在的地方，大声呵斥劫持人质的人道："你们这些凶恶顽劣的家伙，竟然敢劫持我们的大将军？我受命讨贼，难道会因为一个将军而听任你们达到目的？"于是召集士兵攻击劫持者。劫持者急忙叩头乞求财物，韩浩最后将他们揪出去杀掉，夏侯惇得以保全。曹操听说这件事后很高兴，还据此颁布了一项法令，从此之后再也没有劫持人质的事发生了。

【原文】

汉桓帝延熹中，长沙零陵贼反交阯，诏度尚为荆州刺使。尚设方略击破之，穷追入南海，军士大获珍宝。贼帅卜阳、潘鸿遁入山谷，聚党犹盛。而士卒骄富，莫有斗志。尚宣言："阳、鸿作贼十年，习于战守。我兵未轻进，当须诸郡悉至，并力攻之。军中且恣听田猎。"兵士大喜，皆空营出猎。尚乃密遣所亲，潜焚诸营，珍宝一时略尽。猎者还，无不涕泣。尚亲出慰劳，深自引咎。因曰："阳、鸿等财宝山积，诸卿但并力一战，利当二倍也。"众且愤且跃。尚敕令秣马蓐食，明旦出不意赴贼屯，一鼓而尽歼之。

【译文】

东汉桓帝延熹(158—167)年间，长沙、零陵的贼寇在交阯造反，桓帝下诏任命度尚为荆州刺使。度尚运用谋略将贼寇击败，穷追猛打直到南海，将士们获得了许多珍宝。贼寇首领卜阳、潘鸿逃进山谷之中，聚集着大量的兵力。而度尚所统帅的士兵日益骄奢，没有斗志。度尚于是宣称说："卜阳、潘鸿作贼已十年，出战防守都很老练。我们的军队不能轻易冒进，必须等到各郡的军队都到以后，合力攻打。现

在大家可以随意出去打猎。”士兵们非常高兴，全都跑出军营去打猎。度尚就暗派心腹，偷偷地放火焚烧各个营帐，士兵们所得到的珍宝一下差不多全都烧光了。打猎的士兵回来后，看到这种情形没有不哭泣流泪的。度尚亲自出来安慰大家，引咎自责，并乘机说：“卜阳、潘鸿等人的财宝堆积如山，各位只要齐心协力作战，获得的财宝可以是原来的两倍。”众人既悲愤又踊跃。度尚命令士兵喂饱战马、吃饱肚子，第二天早晨出其不意地赶往贼兵聚集之处，一鼓作气地全部歼灭了贼寇。

【原文】

明戚继光，每以鸳鸯阵取胜。其法：二牌平列，狼筅各跟一牌，每牌用长枪二枝夹之，短兵居后。遇战，伍长低头执牌，挨次前进，闻鼓声而迟留不进，即以军法斩首。其余紧随牌进。交锋则筅以救牌，长枪救筅，短兵救长枪。牌手阵亡，伍下兵通斩。

【译文】

明朝的戚继光作战时，常常用鸳鸯阵取胜。鸳鸯阵的方法是：用两只盾牌平列，每只盾牌后面紧随着一种叫狼筅的兵器，各盾牌又用两支长枪夹着，使用刀剑等短兵器的跟在后面。作战时，由伍长低头拿着盾牌，依次前进，听到进军的鼓声而迟疑不进的，即按军法斩首。其余的士兵紧随盾牌向前推进。与敌军交锋时，拿着狼筅的保护拿着盾牌的，使用长枪的保护拿着狼筅的，使用短兵器的保护使用长枪的。如果盾牌手阵亡，这一伍的士兵通通要被斩首。

【原文】

唐初萧铣据江陵，诏李靖同河间王孝恭阅兵夔州。时秋潦涛濑涨恶，诸将请江平乃进。靖曰："兵事以速为神。今士始集，铣不及知，若乘水薄垒，是震雷不及塞耳。仓卒召兵，无以御我，此必擒也。"孝恭从之，帅战舰二千余艘，东下拔其荆门、宜都二镇，进至夷陵。萧铣罢兵营农，才留宿卫数千人，闻唐兵至，大惧，仓卒征兵，皆在岭外，不能遽集，乃悉见兵出拒战。孝恭将击之，李靖止之曰："彼救败之师，策非素立，势不能久。不若且驻南岸，缓之一日。彼必分其兵，兵分势弱，我乘其懈而击之，蔑不胜矣。今若急之，彼必并力死战。楚兵剽锐，未易当也。"孝恭不从，留靖守营，自帅锐师出战，果败走，趋南岸。铣众委舟收掠军资，人皆负重。靖见其众乱，纵兵备击，大破之。乘胜直抵江陵，入其外郭，大获舟舰，尽散之江中。诸将皆曰："破敌所获，当籍其用，奈何弃以资敌？"靖曰："萧铣之地，南出岭表，东距洞庭。吾悬军深入，若攻城未拔，援兵四集，吾表里受敌，进退不获，虽有舟楫，将安用之？今弃舟舰，使塞江而下，援兵见之，必谓江陵已破，未敢轻进。往来窥伺动淹旬月，吾取之必矣。"铣援兵见舟舰，果疑不进。

【译文】

唐朝初年，萧铣占据江陵，唐高祖下诏命令李靖同河间王李孝恭在夔州集结军队。当时正值秋水暴涨，洪波汹涌，各位将领请求江水退却后再进军。李靖说："兵贵神速。现在士兵刚集结起来，萧铣还来不及知道，如果我们乘着洪水逼近他的营垒，犹如迅雷不及掩耳。他匆忙召集军队，无法抵挡我们，这样必定会被我们擒获。"李孝恭采纳了李靖的建议，率战舰两千余艘，沿江东下，攻克了荆门、宜都二镇，并进军到夷陵。萧铣这时正好让士兵回家从事农业生产，只留下原来的

防卫部队几千人，听到唐军已到，非常恐惧，匆忙征召军队，而这些军队都远在岭南，不能马上集结，就将所能召集的军队集合起来抵抗唐军。李孝恭准备出击，李靖劝阻他说："他们都是一些赶来救援的军队，作战的策略不是平时就制定好了的，其气势不能保持长久。我们不如暂且驻扎在长江南岸，延缓一天发动进攻。他们必定会分开兵力防守，而兵力一旦分散，力量就会削弱，我们趁他们懈怠时攻打他们，一定会取得胜利。现在如果发动进攻，他们一定会集中力量拼死作战。楚地的士兵剽悍凶猛，并不容易抵挡。"李孝恭不听从李靖的建议，留下李靖防守大营，自己率领精锐部队出战，结果被打得大败而逃，退回南岸。萧铣的军队这时舍弃船只，收集、抢掠唐军的物资，人人都背了很多东西。李靖发现敌军混乱，就发动军队奋勇出击，大败敌军。接着乘胜直抵江陵，攻入了江陵的外城，缴获了许多船舰，将它们全部散到江中。诸位将领都说："打败敌军所缴获的船只，应当拿来供我们自己使用，为什么要丢弃它们来资助敌人？"李靖回答说："萧铣所占据的地方，南面到达岭南，东面到达洞庭。我们孤军深入，如果攻城不下，而他的援兵从四面八方赶来，我们将会受到敌人的内外夹攻，不管是进军还是退却都会一无所获，那时即使有船舰，又有什么用呢？现在我们舍弃船舰，让船舰沿江漂流而下，萧铣的援兵看到了，必然认为江陵已被攻破，这样就不敢轻易前进。等他们前来窥探消息，少则需要十天，多则要一个月，那时我们一定已攻占了江陵。"萧铣的援兵看见江面上漂着的船舰，果然迟疑不敢前进。

运筹十七

【提要】

本卷列举了历史上筹划巧妙、经营有方，处理事务匠心独运，解决问题方法得当的一些颇具启发性的事例。

【原文】

昔周公制作，号称多才，六官所载，事无巨细，莫不经理有方。学者读书十年，出而不能办一事，经事之谓何矣？夫能者身逸而功倍，不能者心劳而功半，盖才地之相悬，洵未可同日语也。故亦有其人曾不足取，而一事之智，并从节录，是犹集腋采葑之意云。

【译文】

从前周公制作礼乐，号称多才多艺，《周礼》六官所记载的各种事务，无论大小，莫不处理得井然有序。但是一般学者往往读书十年，到了社会上却办不好一件事。那么，筹划事务的含义，究竟指什么呢？能干的人办事，自身安逸而事半功倍；能力差的人办事，劳心费力却事倍功半。这是因为人与人之间的才能、资质相差悬殊，实在不可同日而语。所以，对于这样一类人，尽管他本人总体上并不怎么样，但他在处理某一件事情上的智谋却表现突出，我一并将他们的事迹节录下来，这就好像采集芜菁、集腋成裘那样，可积少成多，一定会有益处。

【原文】

宋祥符中，禁中火，时丁谓营复宫室，患取土远。谓乃命凿通衢取土，不日皆成巨堑。乃决汴水入堑中，引诸道竹木排筏及船运杂材，尽自堑中入。至宫门事毕，却以拆毁瓦砾灰壤，入于堑中，复为街衢，省费以亿万计。

【译文】

宋真宗大中祥符（1008—1016）年间，皇宫里失火，宫殿被烧毁，当时丁谓负责重建宫室。考虑到取土路途遥远，丁谓于是下令挖凿大街取土，没过几天，大街就被挖成了一条大沟。接着丁谓又下令把汴水挖开，将水引入沟中，然后导引各种大大小小的船只，拉运各种建筑材料，都从沟中行驶，十分便捷。等到皇宫建造完毕，就把拆毁旧宫室的瓦砾灰土之类统统填在水沟中，水沟就又变成了平坦的大街。据粗略估计，这样做，节省的费用不下亿万金。

【原文】

宋赵从善尹京日，宦寺欲窘之，科降设醮，红桌子三百张，内批限一日办集。从善命于酒坊茶肆，取桌相类者三百，净洗，糊以白纸，用红漆涂之，如期而备。两宫幸聚景园，夜过万松岭，立索火炬三千。从善命取诸瓦舍妓馆，不拘竹帘芦帘，实以脂，卷而绳之，系于夹道松树左右，照耀比于白日。

【译文】

宋朝的赵从善在京城做官的时候，宦官为了故意为难他，就降旨设驱除灾祸的道场，需要红桌子三百张，限令他必须在一天之内把三百张红桌子备齐。赵从善命令当差的前去酒坊茶肆中，取来三百张形状相似的桌子，洗得干干净净，用白纸糊好，然后在上面用红油漆涂抹，按时把差事办妥了。又有一次皇上与后宫妃嫔到景园去消夜，夜里路过万松岭，马上要三千把火炬照亮。赵从善命令手下人到瓦舍、妓馆中去，不管是竹帘、芦帘，全部拿来，灌上油脂卷起来用绳子缚好，系在道路两边的松树下，点燃起来，明亮得好像白天一般。

【原文】

明陶鲁为广东新会县丞，时都御史韩公雍，下令索犒军牛百头，限三日具。公令出如山，群僚皆不敢应，鲁逾列任之。三司及同官交责其妄，鲁曰："不以相累。"乃榜城门云："一牛酬五十金。"有人以一牛至，即与五十金。明日牛争集，鲁选取百头肥健者，平价，语之曰："此韩公命也。"如期而献。公大称赏，檄鲁隶麾下，任以兵政，其破藤峡，多赖其力，累迁至方伯。

【译文】

明朝的陶鲁担任广东新会县的县丞时，恰逢都御史韩雍下令索缴犒赏军队的牛一百头，并限定三日内备齐。韩雍令出如山，下属官吏们都不敢接受这一任务，只有陶鲁越过群僚们主动承担了这一任务。三司官员及同僚们都交相责备陶鲁狂妄，陶鲁对大家说："我不会连累大家。"于是在城门上张榜公布说："每头牛用五十两银子购买。"有一个人牵来一头牛，他当即命人交给牛主五十两银子。第二天，人们争相卖牛，陶鲁从其中挑选了一百头肥壮的牛，都以平价收购了，并对大家说："这是韩公的命令。"他如期把牛献了上去。韩雍对陶鲁非常赞赏，将陶鲁调到自己的府下任职，负责兵政。后来在官军攻破藤峡的战斗中，全靠陶鲁献计献策。陶鲁不断升迁，最后做了地方的长官。

【原文】

魏曹冲，字仓舒，自幼聪慧。孙权尝致巨象于曹公，公欲知其轻重以方，群下莫能得策。冲曰："置于一大船之上，而刻其水痕所至，称物以载之，一较可知矣。"冲时仅五六岁，公大奇之。

【译文】

三国时魏国的曹冲，字仓舒，自幼聪明过人。孙权曾经送给曹操一头大象，曹操询问群臣称量大象的办法，大臣们都不知道如何称量。曹冲说："把大象牵到一艘大船上，在船浸水的地方刻上记号，然后再往空船里装上其他物品，等船沉到大象在船里时浸水的刻度，所称的这些物品的重量就是大象的重量，只要一比较就知道了。"曹冲当时仅仅五六岁，曹操对他的智慧感到非常惊奇。

【原文】

宋初两浙献龙船，长二十余丈，上为宫室层楼，设御榻以备游幸。岁久腹败欲修治，而水中不可施工。熙宁中宦官黄怀信献计，于金明池北凿大澳，可容龙船，其旁置柱，以大木梁其上，乃决汴水入澳，引船当梁上，即车出澳中水。完补讫，复以水浮船，撤去梁柱，以大屋蒙

之，遂为藏船之室，永无暴露之患。

苏郡葑门外，有灭渡桥。相传水势甚急，工屡不就，有人献策：度地于田中筑基，建之既成，下浚为河，导水繇桥下行，而后塞其故流。人遂通行，故曰“灭渡”。此桥巨丽持久，俗云鲁班现身也。

【译文】

宋朝初年，两浙向皇上敬献了一条龙船，船长二十多丈，上面建有宫室、楼房，其间还专门设了御榻，以备皇上游幸时使用。然而，由于年久失修，龙船腹部的木板腐败了，想要修治，而船在水中，没有办法施工。宋神宗熙宁（1068—1077）年间，宦官黄怀信献了一条计策，在金明池的北方开凿一条大水沟，能容下龙船，在旁边竖立许多木柱，把长大的木头架在木柱上作梁，然后把汴水放入沟中，将龙船引到木梁上，再用水车抽出沟中的水，这样龙船落在木梁上就能修理了。等把龙船修完，再将水放入沟中，让龙船浮起来，撤去木梁和柱子，并在沟上盖一间大屋子蒙在上面，作为藏龙船的库房，这样，龙船就永无暴露之患，不容易再坏了。

苏州郡的葑门外，有一座灭渡桥。相传当初水流湍急，建桥工程屡屡不能完成，有人献出计策，其办法如下：量好土地，在田地中打桥基，建好桥梁，然后在桥下挖一条河床，把河水引入，从桥下流过，接着把原来的河道堵

塞。人们于是可以通行无阻，因而把这座桥称为灭渡桥。这座桥雄伟壮丽、坚固耐用、历时久远，人们都说鲁班现身了。

【原文】

明年四月，寇猝至攻城，雨甚，城崩西南隅十余丈，人情汹汹，乃尽撤屯戍，第以强弩数十扼其冲。总臣以为危，时来曰：“今雨水淖泞，彼安能登？”果无恙。时内徙之民，薄城而居，类以苫茅为盖。虑为火箭所及，亟撤之，而阴识其姓名于屋材，夜选卒运之城外，以为木栅。扞修城者，卒皆股栗不前。时来首驰一骑出南门，众皆从之。平明栅毕，三日而城完，复以栅材还为民屋，则固向所识也。贼知有备北走，因建议决震泽水，断松陵道。贼至平望，阻水不得进，我兵尾而击之，斩首三千余，溺死无算。

【译文】

第二年四月，倭寇突然前来攻城。当时，大雨倾盆，城墙西南角崩塌十余丈，百姓紧张万分。吴时来将驻守在这里的军队全部撤走，只留几十名弓箭手扼守要冲。吴总臣认为这样做太危险了，吴时来说：“现在雨大，道路泥泞，敌寇怎能登上城呢？”后来，果然安然无恙。这时，往内迁居的百姓，靠近城墙而居，大部分都用粗劣的茅草盖屋。吴时来考虑到这些简易草房被火箭射中会燃烧起来，急忙命人立即撤除，但暗中把屋主的姓名记在建屋的木材上，在夜间选择精兵，将木材运到城外坍塌处，制作木栅栏。修城的人一个个都惊惧不已，不肯向前。吴时来见状，率先驰马冲出南城门外，众人都跟从他。天刚蒙蒙亮时，木栅栏都筑好了，到第三天城墙也完全修复。又把栅栏的木材按标记归还给百姓修建民房。倭寇得知城中早有准备，就向北绕道而行。于是，吴时来建议把震泽的水放开，切断通往松陵的道路。倭寇到了平望后，因受水阻无法前进，我军尾随追击，杀死倭寇三千多名，掉在水里淹死的无法计算。

【原文】

明正统时，边事甚急，工部移文巡抚周忱，索造盔甲腰刀数百万，其盔俱要水磨。公取所积余米，依数造成。且计水磨明盔非岁不可，暂令摆锡，旬日而办。

【译文】

明朝英宗正统(1436—1449)年间，边疆战争形势紧张，工部送公文给巡抚周忱，命令他制造盔甲、腰刀数百万件，其中头盔要水磨打造。周忱将平时积储的米粮都拿出来，组织工匠按照要求的数目将盔甲、腰刀制造好。而考虑到用水磨打造头盔没有一年时间很难办成，就下令工匠选用锡材，十天时间全部完成。

【原文】

明汪应轸守泗洲，邮卒驰报武宗驾且至。他邑彷徨勾摄为具，民至塞户逃匿，轸独凝然弗动。或问其故，轸曰："吾与士民素相信，即驾果至，费旦夕可贷而集。今驾来未有期，而仓卒措办，科派四出，吏胥易为奸，倘费集而驾不果至，则奈何？"他邑用执炬而役以千

计，伺候弥月，有冻饿死者。轸命缚炬榆柳间，以一夫掌十炬，比驾夜历境，炬伍整饬，反过他所。

【译文】

明朝的汪应轸任泗洲太守时，传递消息的吏卒飞马驰报说武宗皇帝将要大驾光临。其他郡县的官员都诚惶诚恐地设法筹措物品，以至于老百姓闭门而逃，惟独汪应轸安然不动。有人问他原因，他说："我与百姓素来互相信任，即使皇上大驾果然到来，接待费用不出一天就可筹措齐备。现在皇上何时到来还没有一个准确的日期，假若我们仓促筹措准备，四处派人征收财物，小吏们就容易趁火打劫来搜刮百姓。假如费尽心力筹备好财物而皇上却不来，那时我们又该如何处置呢？"其他郡县仅仅执火炬迎候皇上的就上千人，整整伺候了一个月，有人还因此受冻挨饿而死。汪应轸只是让人把火炬绑在路旁的榆树、柳树间，教一人掌管十把火炬，等到皇上夜里经过他的辖地时，迎接皇上的火炬十分整齐，反而超过了其他郡县。

【原文】

明嘉靖时，倭夷发难，郎土诸路兵援至，吴总臣计犒逾时，众大噪。及至松江，抚臣属推官吴时来除备。时来度水道所由，就福田禅林外立营，令土官以兵至者，各署部伍，舟人导之入，以次受犒，惠均而费不冗，诸营帖然。客兵素犷悍，剽掠即不异寇。时来用赞画者言，为好语结其寇长，缚治之，迄终事无敢犯者。其在松御倭，历有奇绩。

【译文】

明朝嘉靖（1522—1566）年间，倭寇在东南沿海侵犯，各地土司及诸路援兵到达，吴总臣没有按时发放犒劳物品，群情骚动。等到各路援军到达松江地区，浙江巡抚命推官吴时来准备犒军。吴时来估计援兵将由水道上经过，就在福田禅林外立营下寨，命令土司官员带兵来到后，各自部署队伍，由船工载来，引导入营，依次领赏。这样，每个士兵所得的赏赐相同，而费用也并不多，各营领赏后平静安然。客家兵向来粗犷剽悍，剽夺抢掠不异于倭寇。吴时来采用谋士的策略，先用好言好语同各酋长结交，再趁势把他们捆绑起来治罪，这样自始至终都没有出现敢于犯禁的人。土司各部在松江抗倭，多次立下奇功。

钱法十八

【提要】

货币经济是促进社会发展、关系社会安定的一个重要的因素。本卷辑录了古人善于理财的故事，内容涉及以促销、收购等手段来平抑物价、稳定市场、促进货币和劳动力有效流通等方面。

【原文】

晋王丞相茂宏，善于国事。初渡江，帑藏空竭，惟有练数千端。丞相与朝贤共制练布单衣，一时士人翕然竞服，练遂涌贵。乃令主者卖之，每端至一金。

【译文】

东晋丞相王茂宏，善于处理政事。晋室刚刚南渡时，国库空虚，只有白绢数千匹。为了使国库增加银两，王丞相就与朝中贤达的官员都用白绢做单衣，一时士人纷纷争着做这种衣服穿，白绢的价格于是很快上涨了许多。王丞相就下令主管人员把库中的白绢全部卖掉，每匹白绢竟然卖到一两黄金。

【原文】

晋谢安乡人，有罢官者还，诣安。安问其归资，答曰："惟有蒲葵扇五万。"安乃取其中者捉之。士庶竞市,价遂数倍。

【译文】

晋朝谢安的同乡中有个罢了官的人要回乡,临行前来拜访谢安。谢安问他是否有回家的路费,同乡回答说:“只有五万多柄蒲葵扇存在家中。”于是谢安就从中取出一柄握在手中。无论读书人还是百姓看见谢安使用这种蒲葵扇,都争着去买,蒲葵扇的价格于是上涨了好几倍。

【原文】

宋起居舍人毋湜,至和中,上言乞废陕西铁钱。朝廷虽不从,其乡人多知之,争以铁钱货物。卖者不肯受,长安为之乱,民多闭肆。僚属请禁之,文彦博曰:“如此是愈惑扰也。”乃召丝绢行人,出其家缣帛数百匹,使卖之,曰:“纳其直!尽以铁钱,勿以铜钱也。”于是众知铁钱不废,市肆复安。

【译文】

宋仁宗至和(1054—1056)年间,起居舍人毋湜上书请求废除陕西所流通的铁钱。朝廷虽然没有采纳这一建议,但陕西百姓大多知道了这一消息,都怕铁钱作废,就争着用铁钱买东西,而卖东西的人不愿意接受,于是长安城的安定因此被扰乱了,很多商店都关了门。下属官吏请求下发禁止废除铁钱的命令,文彦博说:“如果这样,只会更增加人们的疑惑和骚乱。”于是,就把丝绢行的商人召集在一起,拿出自家存放的好几百匹绸缎,让他们代卖,并说:“按实际价值出售,只收铁钱,不收铜钱。”这样一来,民众都知道铁钱依然不作废,于是市场又变得安定了。

【原文】

唐令狐楚除守兖州，州方旱俭，米价甚高。逆使至，公首问米价几何、州有几仓、仓有几石，屈指独语曰："旧价若干，诸仓出米若干，定价出粜，则可赈救。"左右窃听，语达郡中富人，竞发所蓄，米价顿平。

【译文】

唐代的令狐楚担任兖州太守时，正好兖州大旱，米价很高。前来迎接的使者到达后，令狐楚首先问他米价多少，兖州共有多少粮仓，仓里存粮多少石，然后一边屈指计算一边自言自语道："粮食原来的价格是这么高，只要各仓拿出这么多粮食，定价出卖，就可以达到赈济的目的。"身边的人听到他这么说，就把这一消息告诉了郡中的富人。富人们听说官府即将平价售粮，都争相把自己囤积的粮食抛售，这样粮价很快就平稳了。

【原文】

唐刘晏为转运使时，兵火之余，百费倚办。尝以厚直募善走者，置递相望，觇报四方物价，虽远方不数日皆可达，使食货轻重之权悉制在掌握。入贱出贵，国家获利，而四方无甚贵甚贱之病。

【译文】

唐朝刘晏任转运使时，正值安史之乱之后，朝廷的各项费用开支都依靠他办理。他曾经用重金招募跑得快的人，设置驿站让他们相互传递消息，预测、通报四方物价，即使是远方的消息没几天也可以传送得到，这样就使各地货物价格的变化尽在他的掌握之中。物价低贱时收购，物价高涨时卖出，国家因此获得很大的利润，各地的物价也较为平稳，没有价格过高或过低的弊病出现。

【原文】

明景藩役兴，王舟涉淮，锦缆而牵者五万人，诸郡括丁夫倏役，呼召甚棘。范槚略不储待，漕抚大忧之，召与语。槚谩曰："明公在，何虑？"漕抚怫然曰："乃欲委罪于老夫耶？"槚曰："非敢然也，独仰明公斯易集耳。"曰："奈何？"槚曰："今王船方出，粮船必不入闸，在此守候，日费为难。今以旗甲守船，而用其十人为夫，彼利得僦直，趋役必喜，但须一纸牌耳。"曰："如不足何？"曰："今凤阳以夫数万，协济于徐，役毕必道淮而返。若乘归途之便，资而役之，无不乐应者，则其数具矣。"都御使称服，叹曰："吾不能及也。"

【译文】

明朝景藩之役开始时，皇帝的船要经过淮河，牵引缆绳的船夫共需五万人，各郡广泛征集纤夫前来服役，但召集这么多的人十分困难。范槚却不提前召集役夫等待服役，漕抚大人十分忧虑，就召唤范槚前来询问这件事。范槚毫不在意地问道："有明公您在，有何忧虑？"漕抚大人十分生气地说："你是想把罪责推在老夫身上吗？"范槚说："我哪敢这样做呢？只是依赖明公您，这些役夫不难聚集。”漕抚大人问：“该怎么办呢？”范槚回答说：“现在皇上的船刚刚出发，运送粮食的船只必然回避，不敢入闸，若在这里守候，每天的费用太大。现在让守卫航道的旗船，通知各艘运粮船，每艘运粮船出役夫十人做纤夫，给予他们一定的酬金，这些船夫觉得有利可图，必然十分乐意去拉纤，我们只需给他们每人发一张纸牌就可以了。”漕抚大人又问：“如果人手不够怎么办？”范槚回答说：“现在凤阳服役的民夫好几万，正在徐州协助施工，工程完毕后必将经淮河返回家乡。我们如果利用他们顺路回家的方便，发给他们佣金让他们拉纤，没有人不乐意这样做。这样，服役人数就完全足够了。”都御史听后连称佩服，并感叹地说：“我比不上你啊！”

【原文】

宋王钦若，为亳州判官，监会亭仓。天久雨，仓司以米湿，不为受纳，民自远方来输租者，深以为苦。钦若悉命输之仓，奏请不拘年次，先支湿米。太宗大喜，因识其名，由是大用。

【译文】

北宋的王钦若担任亳州判官，监管会亭仓。正赶上阴雨连绵，存放粮食的亭仓长官因米潮湿不肯收纳，远道而来交纳粮食的百姓深受其苦。王钦若命令亭仓长官将湿米全部收进来，同时上书给皇帝，奏请不限归还年限，向百姓支付湿米。宋太宗看到奏折后很高兴，因而知道了他的名字，此后得到提拔重用。

讽谏十九

【提要】

讽谏是一种主要的劝谏方式。本卷列举了古人成功讽谏的故事，总结了各种讽谏的方式、技巧及作用。

【原文】

苦口者，良药也；逆耳者，忠言也。顾或戆或激，直且贾祸，岂尽听者之过哉？夫纳约者，牖其明。君有诤臣，父有诤子，士亦有诤友，其用广，而其揆一也。罕譬者，曲为喻，于《易》取诸《巽》，于《诗》取诸《风》。进言者之前事，有足征者。

【译文】

苦口的药是良药，逆耳的话是忠言。但是，在进忠言时，有的过分刚直，有的过分偏激，其结果往往招致祸患，这难道全是听的人的过错吗？结纳信约的人，窗户要通明。君王有直言诤谏之臣，父亲有直言规劝之子，士子也有直言相劝之友，忠言诤谏的用途很广，而其准则、方法则是一致的。很少用譬喻诤谏的人，要学会委婉地进言，从《易经·巽》中学习谦逊委婉的变化，从《诗经·国风》中学习用婉转的比喻开导。这里，我收集了足以验证可取的前人进谏规劝的事例，记录下来，以给世人提供借鉴。

【原文】

秦始皇尝议欲大苑囿，东至函谷关，西至雍、陈仓。优旃曰：“善。多纵禽兽于其中，使寇从东方来，令麋鹿触之足矣。”始皇以故辍止。二世时，又欲漆其城。优旃曰：“善。主上虽无言，臣固将请之。漆城虽于百姓劳费，然佳哉！漆城荡荡，寇来不能上。即欲就之，易为漆耳，固难为荫室。”于是二世笑而止。

【译文】

秦始皇曾经计划要扩大皇家园林，东起函谷关，西至雍县和陈仓。优旃说：“这样很好啊！多放些禽兽在里面，假如有寇盗从东方来侵犯，让麋鹿用角去抵撞他们就足够了。”秦始皇因此便停止了扩展园林的计划。秦二世时，又想用漆涂饰城墙。优旃说：“好啊！皇上即使不说，我本来也要请求这样做。漆城墙虽然让百姓辛苦花费，可是涂了漆的城墙一定非常美呀！涂了漆的城墙光滑又明亮，盗寇来了爬也爬不上。想把这件事情办好，涂漆倒容易，但难办的是要找一所给漆过的城墙阴干的大房子。”于是，秦二世笑了起来，放弃了漆城墙的打算。

【原文】

楚王有所爱马，衣以文绣，置之华屋之下，席以露床，啖以枣脯。马病肥死，使群臣丧之，欲以棺椁大夫礼葬之。左右争之，以为不可，王下令曰："有敢以马谏者，罪至死。"优孟闻之，入殿门仰天大哭。王惊而问其故。优孟曰："马者，王之所爱也，以楚国堂堂之大，何求不得？而以大夫礼葬之，薄，请以人君礼葬之。"王曰："何如？"对曰："臣请以雕玉为棺，文梓为椁，楩枫豫章为题凑；发甲卒为穿圹，老弱负土；齐、赵陪位于前，韩、魏翼卫其后；庙食太牢，奉以万户之邑。诸侯闻之，皆知大王贱人而贵马也。"王曰："寡人之过，一至此乎，为之奈何？"优孟曰："请为大王六畜葬之。以垅灶为椁，铜历为棺，赍以姜枣，荐以木兰，祭以粮稻，衣以火光，葬之于人腹肠。"于是王乃以马属太官，毋令天下人闻也。

【译文】

楚王有一匹心爱的马，给它穿上锦绣衣裳，安置在华丽的房子里，用没有帷帐的床给它做卧席，用蜜渍过的枣脯喂养它。后来这匹马得肥胖病死了，楚王就让臣子们给马服丧，还想依照安葬大夫的礼仪，用棺椁安葬它。身边近臣都劝阻他不要这样做，楚王生气地下令说："如果有谁再敢因葬马的事诤谏，罪当处死。"优孟听到这件事后，走进宫门便仰天大哭。楚王吃了一惊，问他为什么哭。优孟说："这匹马是大王所心爱的，凭我们堂堂的楚国，有什么办不到的呢？按照大夫的礼仪安葬它，太微薄了，请用安葬国王的礼仪安葬它。”楚王问道：“你打算怎么办？”优孟回答说：“我请求用雕花的美玉给马做棺材，花纹漂亮的梓木做外椁，楩、枫、豫、樟各色上等木材做护棺的木块；发动士兵给它挖掘墓穴，让年老体弱的人背土筑坟；叫齐国、赵国的代表在前面陪祭，韩国、魏国的代表在后面守卫；然后建一所庙宇用牛、羊、猪三牲来祭祀，划出一个万户的大县专门供奉祭品。这样各国听到这件事后，都必然知道大王轻视人而看重马。”楚王说：“我的过错竟然到了这种地步吗？这该怎么办呢？”优孟说：“请让我替大王用对待六畜的办法来安葬它。做个土灶当外椁，用口铜锅当棺材，用姜、枣加木兰调味，用稻米当祭品，用火光炖煮当衣服，把它安葬在人们的肚肠里。”于是，楚王就把死马交给主管饮食的太官，嘱咐别让天下人传扬这件事。

【原文】

齐景公有马，其圉人杀之。公怒，援戈将自击之。晏子曰：“此不知其罪而死，臣请为君数之。”公曰：“诺。”晏子举戈临之曰：“汝为我君养马而杀之，而罪当死；汝使吾君以马之故杀圉人，而罪又当死；汝使吾君以马故杀圉人，闻于四邻诸侯，而罪又当死。”公曰：“夫子释之，勿伤吾仁也。”

【译文】

齐景公有一匹心爱的马，掌管养马的人把它杀了。齐景公非常愤怒，拿起戈要杀掉那个养马的人。晏子说：“这样杀了他，他还不知道自己犯有何罪，请允许我替您列举他的罪状。”齐景公说：“行。”晏子举着戈面向那个养马的人说:“你为我们国君养马却把它杀了,你的罪过应该处死;你让我们国君由于一匹马的缘故而杀掉养马的人,你的罪过应该处死;你让我们国君由于一匹马的缘故而杀掉养马的人,这事传扬到四邻各国,将会有损我们国君的声誉,你的罪过又当处死。”景公说:“先生您放了他吧,不要伤害我的仁德。”

【原文】

吴大帝权,尝怒校尉殷模,罪至不测。群下多为之言,权怒益甚。与相反复,惟诸葛瑾默然。权曰:“子瑜何独不言?”瑾避席曰:“瑾与殷模等,遭本州颠覆,生类殄尽,弃坟墓,携老幼,披草莱,归圣化。在流离之中,蒙生成之福,不能躬相督厉,陈答万一,至令模孪负大恩,自陷罪戾。臣纠过不暇,诚不敢有言。”权闻之怆然,乃曰:“特为君赦之。”

【译文】

三国时期吴国大帝孙权,曾经怪罪于校尉殷模,其罪状恐有杀身之祸。当时群臣都替殷模说情,孙权更加恼怒。劝谏者反复进言,只有诸葛瑾默默无语。孙权说:“子瑜,为何独独你不说话呢?”诸葛瑾离开座位恭敬地回答说:“我与殷模等人,都是在遭受本州战乱之祸,百姓死亡将尽之际,抛弃祖宗坟墓,扶老携幼,艰苦跋涉,投奔到您这圣人教化之区。在流转离散之中,承蒙您的生养大恩,却不能相互督促鞭策,来报答您万分之一的恩惠,致使殷模辜负您的大恩,自陷于罪过之中。我想纠正他的过失都来不及,确实不敢说什么话。”孙权听后很悲伤,便说道:“为了您这番话,我特地赦免殷模。”

【原文】

贾诩事曹操，时临淄侯植才名方盛。操尝欲废丕立植，一日屏左右问诩，诩嘿不对。操曰：“与卿言不答，何也？”对曰：“属有所思。”操曰：“何思？”诩曰：“思袁本初、刘景升父子。”操大笑，丕位遂定。

【译文】

贾诩侍奉曹操，当时临淄侯曹植才气名声很大。曹操曾想废曹丕而立曹植，有一天屏退左右侍臣，单独征询贾诩的意见，贾诩默然不答。曹操问道：“我同你说话，你为何不回答？”贾诩回答说：“我正在想一个问题。”曹操说：“想什么？”贾诩说：“我在想袁绍、刘表父子的事。”曹操大笑。曹丕作为继承人的地位于是就确定了下来。

【原文】

唐庄宗好猎，践民田，牟令当马切谏。庄宗怒，叱出，将杀之。伶人镜新磨知不可，乃率诸伶追令，前，责之曰：“汝为县令，奈何纵民稼穑以供赋税，何不饥汝民而空其地，以备天子之驰驱？汝罪当死。”因请亟行刑。庄宗悟，笑而释之。

【译文】

后唐庄宗喜欢打猎，践踏了农民的田地。中牟县令拦着马头恳切劝谏，庄宗大怒，喝令随从将他拉出来准备杀掉他。伶人镜新磨知道了再三劝谏庄宗无用，便带领一些伶人赶到中牟县令前，责备他道：“你当县令，为什么要放纵农民种庄稼来交纳赋税？为什么不让你的百姓饿着肚子、荒着田地，以便让天子在上面任意驱驰打猎？你的罪过应当被处死。”接着便请求赶快执行死刑。庄宗醒悟，笑着释放了中牟县令。

【原文】

唐裴度为相时，敬宗将幸东都，大臣切谏不纳。度从容言：“国家建别都，本备巡幸。但苦艰难以来，宫阙署屯、百司之区，荒圮弗治，必假岁月完新，然后可行。仓促无备，有司且得罪。”帝悦曰：“群臣谏朕不及此，如卿言诚有未便，安用往耶？”因止不行。

【译文】

唐朝裴度担任宰相时，唐敬宗将要巡游东都洛阳，大臣们恳切劝谏，唐敬宗不听。裴度则不慌不忙地说：“国家建造别都，本来就是供皇帝巡幸用的。但自战乱以来，洛阳宫殿署衙及百官住宅，都倒塌荒芜无人治理，必须给予一定时间修建完好，然后才可以去巡幸。现在巡幸，仓促之间没有准备，负责的官员都将承担罪责。”皇帝高兴地说：“群臣劝谏朕时并没有谈到这一点，如果像你所说的那样，确有不便之处，为什么还要去呢？”因而放弃了巡游的打算，没有成行。

【原文】

唐贞观中，王珪多所规切。一日进见，有美人侍侧。帝指谓曰：“庐江不道，贼其夫而纳其室，能不亡乎？”珪避席曰：“陛下以庐江为是耶？非耶？”帝曰：“朕已明言之，乃问朕是非，

何也？”曰：“陛下知庐江之亡，而姬仍在侧，窃谓陛下以为是耳。”帝默然。

【译文】

唐太宗贞观(627—649)年间，王珪多次劝谏。有一天进见皇上，看见有美人在皇帝身边侍奉。皇帝指着这个美人说：“庐江王行不义之道，杀了她的丈夫而娶她为妻，他能不败亡吗？”王珪离开座位郑重地问道：“陛下以为庐江王是对呢，还是不对？”皇帝说：“我已经说得很清楚了，你竟然还要问我对还是不对，这是为什么？”王珪说：“陛下明明知道庐江王败亡的原因，可是他的姬妾却依然在陛下的身边，所以我私下觉得陛下认为庐江王是对的。”皇帝听了，默然不语。

【原文】

唐文德皇后既葬，太宗即苑中作层观，以望昭陵，引魏征同升。征熟视曰：“臣眊目，不能见。”帝指示之。征曰：“此昭陵耶？”帝曰：“然。”征曰：“臣以陛下为望献陵，若昭陵，则臣固见之矣。”帝泣，为之毁观。

【译文】

唐太宗的文德皇后安葬以后，唐太宗便在皇家园林中修筑了一个几层高的瞭望台，用以远望昭陵。有一次，唐太宗与魏征一同登上瞭望台，魏征仔细地向远处看了看，说：“我眼睛昏花看不到什么。”唐太宗便指点着让他观望。魏征问：“这不是昭陵吗？”唐太宗说：“是。”魏征说：“我以为陛下正在观望高祖的献陵，若是昭陵，那我本来就已经看到了。”唐太宗听后就哭了，拆毁了这个瞭望台。

【原文】

蜀汉时，天旱，禁私酿。吏于人家索得酿具，欲论罚。简雍与先主游，见男女行道，谓先主曰："彼欲行淫，何以不缚？"先主曰："何以知之？"对曰："彼有其具。"先主大笑而止。

【译文】

三国蜀汉时，因天旱粮食歉收而禁止私人用粮食酿酒。有官吏在百姓家中搜到了酿酒的器具，便要论罪处罚。简雍与先主刘备出游，遇见有男女二人在道路上行走，就对刘备说："他们即将行奸淫之事，为何不把他们捆绑起来？"刘备问道："你怎么知道他们即将行奸淫之事？"简雍回答说："因为他们有奸淫的器具呀！"刘备大笑，便取消了对搜出酿酒器具的人家予以治罪的法令。

【原文】

明正德中，秦藩请益封陕之边地，朱宁、江彬辈皆受赂许之。上促大学士草制。杨廷和、蒋冕私念草制恐为后虞，否则忤上意，俱引疾。独梁储承命草之，曰："昔太祖著令曰：'此土不畀藩封。'非吝也，念此地广且饶，藩封得之，多蓄士马，必富而骄；奸人诱为不轨，不利社稷。今王恳请畀地与王，王得地，毋收聚奸人，毋多养士马，毋听狂人导为不轨，震及边方，危我社稷。是时虽欲保亲，亲不可得已。王慎之，毋忽。"上览制，骇曰："若是可虞，其毋与。"事遂寝。

【译文】

明朝武宗正德（1506—1521）年间，秦藩奏请把陕西周边之地封给自己，朱宁、江彬等人都接受了秦藩的贿赂，答应替他促成。武宗催促大学士起草诏书。杨廷和、蒋冕私下考虑到如果起草这个诏书恐怕今后会带来祸患，不起草又违忤了皇上的旨意，因而借口有病推辞。只有梁储奉命起草诏书，他写道："建国之初，太祖就明确说过：'陕西的边地不能封给藩国诸侯。'这并不是吝惜这块土地，主要是考虑陕西土地宽广而且肥沃，诸侯如果得到这块封地，就可以大量蓄养兵马，必将富强而骄纵；如果再有奸邪之徒引诱他们图谋不轨，就将会对国家不利。现在秦王恳请将这块土地封给自己，秦王得到封地后，不要收聚奸人、不要多养兵马、不要听从狂人诱导图谋不轨。否则会震动远方，威胁国家。到那时即使想保持彼此之间的亲密关系，也不可能了。希望秦王你慎重对待，不要疏忽。"皇上看到草拟的诏书后，惊骇地说道："如果这样，真值得担忧，还是不要给秦王增加封地。"这件事就这样停止了。

【原文】

魏文帝问苏则曰："前西域通使敦煌，献径寸大珠，可复求市得否？"则曰："若陛下德流沙漠，不求自至；求而得之，不足贵也。"帝默然。

【译文】

魏文帝曹丕问苏则说："不久前西域使者到敦煌，献了一个直径一寸的大宝珠，现在能否在市场上买到同样大的宝珠呢？"苏则说："如果陛下的德政、恩泽流布到沙漠地带，即使不求宝珠自然也会有人献来；如果是自己搜求得到的宝珠，那就不值钱了。"魏文帝默然不语。

辞锐二十

【提要】

敏锐的言辞关系国家的荣辱祸福。本卷汇集了古人外交、议政、荐人、处事时利口巧辩、却敌救国、排难解纷的故事，表明了机敏的言辞和应对之才的重要。

【原文】

士掉三寸舌，强于百万师，固非辞不为功，而或者概以骋辩少之，何欤？夫言语之科，圣门所贵；专对之才，智者其难。正笏而决大议，奉圭而修邻好，茹吐之间，荣辱随之矣。《书》曰："惟口出好兴戎。"《诗》曰："辞之辑矣，民之洽矣；辞之怿矣，民之莫矣。"盖辞之不可已也如是！

【译文】

士人鼓动着三寸之舌，强于百万之师，没有锐利的言辞确实不能获得这样的成功。可是，为什么有人要把施展辩才一概当作驰骋辩辞而予以轻视嘲讽呢？语言口才这门学问，是孔圣人之门所看重的；应对之才，即使是很有智慧的人也往往感到困难。手执朝板而决定国家大事，奉着圭玉出使而建立睦邻友好关系，谈吐之间，国家的祸福荣辱也就随之而定了。《尚书》说："口出好言善德，也可以引起战争。"《诗经》说："言辞不当，百姓遭殃；言辞和悦，百姓团结。"可见，辞令是这样的不可缺少。

【原文】

契丹乘宋有西夏之忧,遣使来言关南之地。富弼奉使往见契丹主曰:“两朝相好垂四十年,一旦求割地,何也?”契丹主曰:“南朝违约,塞雁门,增塘水,治城隍,籍民兵,将何以为?群臣请举兵而南,吾谓不若遣使求地,求而不获,举兵未晚。”弼曰:“北朝忘章圣皇帝之大德乎?澶渊之役,苟从诸将言,北兵无得脱者。且北朝与中国通好,则人主专其利,而臣下无所获;若用兵,则利归臣下,而人主任其祸。故劝用兵者,皆为身谋耳。今本国提封万里,精兵百万,北朝欲用兵,能保必胜乎?就使幸胜,所亡士马,群臣当之与?抑人主当之与?若通好不绝,岁币尽归人主,群臣何利焉?”契丹主大悟,首肯者久之。

弼又曰:“塞雁门者,备元昊也;塘水始于何承矩,事在通好前;城隍修旧,民兵亦补阙,非违约也。”契丹主曰:“虽然,吾祖宗故地,当见还耳!”弼曰:“晋以卢龙赂契丹,周世宗复取关南地,皆异代事。若各求地,岂北朝之利哉?”既退,刘六符曰:“吾主耻受金币,坚欲十县,何如?”弼曰:“本朝皇帝言:‘为祖宗守国,岂敢妄以土地与人?北朝所欲,不过租赋耳。

朕不忍多杀两朝赤子，故屈己增币以代之。'若必欲得地，是志在败盟，假此为辞耳。"

明日，契丹主召弼同猎，引弼马自近，谓曰："得地，则欢好可久。"弼曰："北朝既以得地为荣，南朝必以失地为辱。兄弟之国，岂可使一荣一辱哉？"猎罢，六符曰："吾主闻公荣辱之言，意甚感悟，今惟结姻可议耳。"弼曰："婚姻易生嫌隙，本朝长公主出嫁，赍送不过十万缗，岂若岁币无穷之利哉？"弼还报，帝许增币。契丹主曰："南朝既增我币，辞当曰'献'。"弼曰："南朝为兄，岂有兄献于弟乎？"契丹主曰："然则为'纳'。"弼亦不可。契丹主曰："南朝既以厚币遗我，是惧我矣，于二字何有？若我拥兵而南，得无悔乎？"弼曰："本朝兼爱南北，故不惮更成，何名为惧？或不得已而至于用兵，则当以曲直为胜负，非使臣之所知也。"契丹主曰："卿勿固执，古有之矣。"弼曰："自古惟唐高祖借兵突厥，当时赠遗，或称'献''纳'，其后颉利

为太宗所擒，岂复有此哉？”契丹主知不可夺，自遣人来议。帝用晏殊议，竟以“纳”字与之。

【译文】

契丹乘宋朝因西夏的反叛而危急时，派遣使者来索要瓦桥关以南十县之地。富弼奉命出使契丹，见契丹国主说：“宋朝与契丹关系和好将近四十年，现在忽然又要求宋朝割地，这是为什么？”契丹国主说：“你们宋朝违背盟约，关闭了雁门关，筑陂塘贮水，修治城壕，登记民兵，想要做什么呢？群臣都请求我发兵南下，我说不如派使者去要求割地，如果不答应这个要求，再发兵不晚。”富弼说，“你们契丹难道忘了我们章圣皇帝的大恩大德了吗？澶渊战役，我们的皇帝若听从将领们的意见，那么契丹兵一个也逃不掉。况且，契丹同中原王朝交好，则国主您就能独自得到好处，而您的臣子们就会无所收获；如果用兵的话，那么好处都是您的臣子们的，而国主您就要承担战争招来的祸患。所以，劝您用兵的，都是为自己的利益打算。现在，我国管辖着万里疆土，有百万精兵，契丹要想发动战争，能保证必胜吗？即使侥幸取胜了，所伤亡的兵马，是臣子们承受这个损失呢，还是国主您承受呢？如果继续与宋朝通好，宋朝每年送来的钱财全部归您所有，臣子们能有什么好处呢？”契丹国主恍然大悟，不停地点头表示同意。

富弼又说：“关闭雁门关，是为了防备西夏元昊；修筑陂塘贮水始于何承矩，那是在宋朝与契丹关系和好以前的事；修理城壕，是为了补旧；登记民兵，是为了补充缺额人员，这些并没有违反什么盟约啊。”契丹国主说：“即使这样，关南是我们祖宗的故地，应当归还给我们。”富弼说：“五代时，后晋把卢龙作为贿赂送给了契丹，周世宗又把关南之地收复回来，这都是以前朝代的事。如果我们各自都要算旧账，索取各自认为是自己的土地，会对契丹有利吗？”会见契丹国主完毕后，富弼退了下来，契丹大臣刘六符对富弼说："我们国主以接受宋朝的财物为耻辱，坚持要割十县之地，怎么样？"富弼说："我们宋朝皇帝说：'要捍卫祖宗基业而守卫国土，岂敢白白地拿土地送人？契丹想要的，不过是田赋租税罢了。我不忍心看到战争再起，使两个王朝更多的百姓遭受杀戮，所以宁愿委屈自己，增加送给契丹的货币数量，来代替契丹想得到的田赋租税。'如果契丹一定要得到土地，那是他们决心要背叛盟约，以此做借口罢了。"

第二天，契丹国主与富弼一同去打猎，把富弼的坐骑招呼到身边说："我们如果得到了土地，那友好关系就可以保持长久。"富弼说："契丹既然以得到土地为荣，宋朝就必然以失去土地为耻辱了。我们是兄弟之国，怎么可以使一国获得荣耀而使另一国遭受耻辱呢？"打猎完毕，刘六符说："我们国主说听到你关于荣辱的见解，心中很为感动而醒悟，现在只有结姻和亲需要讨论了。"富弼说："通婚和亲，容易产生由嫌疑而形成的仇怨。我们宋朝的长公主出嫁，陪送的东西没有超过

十万缗，怎么能比得上从岁币中得到的无穷好处呢？”富弼回国后向仁宗皇帝奏明了情况，皇帝允许增加每年送的钱币数量。富弼又到契丹传达了这个意见。契丹国主说：“宋朝既然同意增加每年送的钱币数量，那就应该在给我们的文书中用‘献’字。”富弼说：“宋朝是兄长，岂有兄长向弟弟‘献’东西的道理？”契丹国主说：“那就用‘纳’字吧。”富弼认为也不行。契丹国主说：“宋朝既然拿大量的钱币送给我，可见是惧怕我国。对于用‘献’、‘纳’这两个字又有什么关系呢？假如我们率兵南下，你们恐怕会后悔吧？”富弼说：“宋朝对南北双方都是爱护的，所以不怕麻烦，再次讲和怎么能说是惧怕你们呢？假如不得已而致用兵，那应该是有理的一方获胜，没理的一方失败。最终结果如何，那就不是我这个使者所能预料得到的了。”契丹国主说：“你不要太固执了，用‘献’、‘纳’这样的字样，历史上曾经有过。”富弼说：“自古以来，只有唐高祖向突厥借兵，当时赠给突厥礼物，或许用过‘献’、‘纳’字样，但后来突厥颉利可汗被唐太宗擒获，哪里再用过这样的字眼呢？”契丹国主知道不能强迫富弼改变主意，就又派人到宋朝商量这件事。皇帝采纳了晏殊的意见，最后在给契丹的文书上用了“纳”字。

【原文】

汉建安二十四年，先主为汉中王，遣司马费诗拜关羽为前将军。羽闻黄忠为后将军，怒曰：“大丈夫终不与老兵同列。”不肯受拜。诗谓羽曰：“夫立王业者，所用非一。昔萧曹与高祖少小亲旧，而陈韩亡命后至，至论其班次，韩最居上，未闻以此为怨。今王以一时之功，隆崇于汉室，然意之轻重，宁当与君侯齐乎？且王与君侯，譬犹一体，同休等戚祸福共之。愚谓君侯不宜计官号之高下，爵禄之多少为意也。仆一介之使，衔命之人，君侯不受拜，于是便还。但相为惜此举动，恐有后悔耳。”羽大感悟，遽即受拜。

【译文】

东汉建安二十四年(219)，先主刘备自称汉中王，派遣司马费诗拜关羽为前将军。关羽听说黄忠为后将军，便大怒道：“大丈夫绝不能与一个老兵排在同一个级别。”不肯接受这一任命。司马费诗对关羽说：“创建帝王大业的人，所使用的人才并非一种。当年萧何、曹参与汉高祖从小就是亲近故交，而陈平、韩信却是从敌方逃来投奔到高祖部下的，但是在封赏排列班次时，韩信却位居第一，也没有听说萧何、曹参对此不满。现在，汉中王因黄忠一时建立了大功，对他加以尊崇，可是，在汉中王心中的分量轻重，他黄忠怎能与君侯您相提并论呢？况且汉中王与君侯您的关系，好比一体同生，休戚与共。我认为您不应当计较官位的高低和爵禄的多少。我只是个微不足道的使者，奉命行事的人，君侯若不愿意受拜，我即刻就回去。但是，我很为您这一举动惋惜，恐怕您会有后悔的一天。”关羽听后大为感动而醒悟，马上就接受了任命。

【原文】

秦攻赵于长平，大破之。引兵归，使人索六城于赵。赵计未定，楼缓新从秦来，赵王与缓计之。缓辞曰：“此非臣所知也。”王曰：“虽然，试言之。”缓曰：“王亦闻夫公甫文伯母乎？

公甫文伯，官于鲁，病死，妇人自杀于房中者十六人。其母闻之，不哭。相室曰：‘焉有子死而不哭者乎？’其母曰：‘孔子，贤人也，逐于鲁，是人不随。今文伯死，而妇人为死者十六人，是其于长者薄而于妇人厚，我何哀为？’故从母言之，为贤母；从妇言之，必不免于妒妇也。其言一也，言者异则人心变矣。今臣新从秦来，而言勿与，则非计也；言与之，则恐王以臣之为秦也，故不敢对。使臣得为王计，不如予之。”王曰：“诺。”

虞卿闻之，入见王曰：“此饰说也。秦之攻赵也，倦而归乎？王以其力尚能进，爱王而不攻乎？”王曰：“秦之攻我也，不遗余力矣，必以倦而归也。”虞卿曰：“秦以其力攻，其所不能取，倦而归，王又以其力之所不能攻而资之，是助秦自攻也。来年秦复攻王，王无以救矣。”

王以虞卿之言告楼缓，楼缓曰：“虞卿能尽知秦力之所至乎？诚不知秦力之所至，此弹丸之地犹不予也。今秦来复攻，王得无割其内而讲乎？”王曰：“诚听子割矣，子能必来年秦之不复攻我乎？”对曰：“此非臣所敢任也。三晋之交于秦相善也。今秦释韩魏而独攻王，王之所以事秦，必不如韩魏也。今臣为足下解负亲之攻，启关通币，齐交韩魏。至来年而王独不取于秦，王之所以事秦者，必在韩魏后也，此非

臣所敢任也。”

王以楼缓之言告虞卿，虞卿曰：“此自尽之术也。秦虽善攻，不能取六城；赵虽不能守，亦不至失六城。秦倦而归，兵必罢，我以六城收天下，以攻罢秦，是我失之于天下，而取偿于秦也。吾国尚利，孰与坐而割地自弱以强秦？今从楼缓之说，是使王岁以六城事秦也，即坐而地尽矣。来年秦复求割地，王将予之乎？不与则是弃前资而挑秦祸也，与之则无地而给之。且秦虎狼之国也，其求无已，而王之地有尽，以有尽之地给无已之求，其势必无赵矣。故曰此饰说也，王必勿与。”王曰：“诺。”

楼缓闻之入见王曰：“不然。虞卿得其一，未知其二也。秦赵构难，天下将因强而乘弱。今赵兵困于秦，天下之贺战胜者，必在秦矣。故不若亟割地求和，以疑天下慰秦心。不然天下将因秦之怒，乘赵之敝而瓜分之，赵且亡，何秦之图？”虞卿闻之入见王曰：“诡矣！楼子之为秦也。夫赵兵困于秦，又割地为和，是愈疑天下而何慰秦心哉？且臣曰勿予者，非固勿予而已也。秦索六城于王，王以六城赂齐，齐秦之深仇也。得王六城，并力而西击秦，齐之听王，不待辞之毕也。是王失于齐，而取偿于秦也。”赵王曰：“善。”因发虞卿东见齐王，与之谋秦，楼缓闻之逃去。

【译文】

秦军在长平之战中打败了赵国军队，大获全胜。秦军退兵回国后，派人到赵国索要六座城邑来讲和。赵国尚未拿定主意，楼缓刚从秦国回来，赵王就与楼缓商议此事，楼缓推辞说：“这不是我所知道的事。”赵王说：“虽然这样，还是请你不妨谈一谈。”楼缓说：“您听说过公甫文伯母亲的事吗？公甫文伯在鲁国当官，病死后，妻妾为他自杀的有十六人，但她的母亲听说儿子死了，并没有哭。料理家务的人说：‘哪有儿子死了而母亲不伤心哭泣的呢？’他的母亲回答说：‘孔子是鲁国的贤人，被驱逐出鲁国，我的儿子并没有去跟随。现在他死了，妻妾为他自杀的有十六人。这样看来，他对有德行的人感情淡漠，而对妻妾感情深厚，我为什么还要替他哀伤呢？’这话从他母亲的口中说出，说明母亲是个贤明的母亲；但如果是他的妻妾所说，就不免被认为是个妒忌的妻子。所说的话相同，但说话的人不同，则人们对同样的话的理解就不一样。现在我刚从秦国回来，如果说不割让土地，这并不是一个好办法；如果说割让土地给秦国，又担心大王认为我是在为秦国说话，所以不敢回答。如果让我替大王考虑，那么不如割让土地给秦国。”赵王听完后说：“好。”

虞卿听说后，拜见赵王：“这是狡辩。秦国军队进攻赵国，大王认为是秦军疲惫后才撤退呢？还是他们的力量能够进攻但是因为爱护赵王而不进攻呢？”赵王回答说：“秦军进攻我们赵国，不遗余力，必定是因为军队疲惫不堪才撤退的。”虞卿说：“秦国倾其全力来攻打赵国，因军队疲惫不能攻占更多的地方而撤退，如果您割让土地给秦国，就是把秦军无力攻占的地方送给秦国来资助秦军，是帮助秦军攻打自己。如果明年秦军再来进攻的话，大王就没有办法挽救赵国了。”

赵王把虞卿的话告诉了楼缓，楼缓说：“虞卿能全部知道秦军兵力最大限度发挥到什么程度吗？如果的确不知道秦国兵力最大限度能发挥到什么程度，像这样的弹丸之地，就都不愿割让。现在秦军如果再来攻打的话，大王岂不是要割让内地来求和吗？”赵王说：“如果我听取你的意见割让土地，你能保证秦国不再进攻赵国吗？”楼缓回答说：“这不是我所能保证的。韩、赵、魏与秦国结交时，情况差不多是相同的。现在，秦国舍弃韩、魏而单独进攻赵国，一定是大王服侍秦国比不上韩、魏的缘故。如今我为大王解除因背叛盟国而招致的进攻，开放边关互相贸易，只能使赵国与秦国讲和的程度同韩、魏相等。至于来年如果只有赵王您不能取悦于秦，那说明您与奉国亲密的程度必在韩、魏之后，这正是我所不敢担保的地方。”

赵王又把楼缓的意见告诉了虞卿，虞卿说：“这是自取灭亡的办法。秦军虽然善于进攻，却不能攻占赵国六座城池；赵军虽然不善于防守，也不至于一下子就失掉六座城池。秦军疲惫而撤退，士兵必定疲乏无力，我们用六座城池结交东方各国，去进攻疲乏无力的秦军，这样我们虽失掉六座城池，但却能从进攻秦国得到补偿。按照这一计划，赵国还会从中得利，这哪能与消极坐等、割让土地、削弱自己而去壮大秦国的力量相提并论呢？现在如果听从楼缓的意见，实际上就是让大王每年拿六座城池去侍奉秦国，结果必然是将全部国土送给秦国。假若来年秦国又要求割地，请问大王您会再次割让土地给秦国吗？不割让就不仅失掉了前面割让的土地，而且又挑起秦军前来进攻的祸端；同意割让，则最终必然无地可给。况且，秦国是虎狼一样的国家，它的贪求没有止境，而大王的国土有限，用有限的国土去满足无限的贪求，其结果必然是赵国灭亡。所以我说这是楼缓的狡辩，大王您一定不要答应割让土地给秦国。”赵王说：“好。”

楼缓听说后，拜见赵王说：“事情不是这样的。虞卿只知其一，不知其二。秦、赵交战，东方各国都将依靠强国来欺凌弱国。现在赵军被秦兵围困，各国庆贺战争胜利的使者都一定到了秦国。故不如迅速割地求和，使东方各国难以揣测秦赵关系的变化，而且又可缓解秦国的敌意。不然的话，各国将利用秦国的愤怒，趁赵国疲惫的时候前来瓜分赵国。赵国都即将灭亡了，还谈什么算计秦国呢？”虞卿听说了这些话后，进见赵王说：“楼缓替秦国说话真是诡计多端啊！赵军被秦兵围困，又割地求和，这只会更加使各国疑心赵国软弱可欺，又怎么能借此缓解秦国的敌意呢？况且我说不割让土地给秦国，并不是指这六座城池不能割让。秦国向您索要的六座城池，大王可把它送给齐国，齐、秦两国有深仇大恨，齐国得到了大王割让的六座城池，就会与赵国齐心协力地向西进攻秦国，齐王听从大王的话，不等我们说完便会答应的。这样，大王虽失去了送给齐国的城池，却能从联齐攻秦中得到好处。”赵王说：“好。”就派遣虞卿东行拜见齐王，与齐王商议对付秦国的办法。楼缓听说后，便从赵国逃跑了。

【原文】

宋李纲欲用张所，然所尝论宰相黄潜善，

纲颇难之。一日遇潜善，款语曰："今当艰难之秋，负天下重责，而四方士大夫号召未有来者。前议置河北宣抚司，独一张所可用，又以狂妄有言得罪。第今日势迫，不得不试用之。如用以为台谏，处要地，则不可，使之借官为招抚，冒死立功以赎过，似无嫌。"潜善欣然许之。

【译文】

宋代的李纲想任用张所，可是张所曾对宰相黄潜善有所议论和不满，李纲颇感为难。有一天，李纲遇见黄潜善，便诚恳地说："现在正是国家危难之际，我们都担负着天下的重任，而四方的士大夫虽经我们号召却没有应召前来。前几天商议安排河北宣抚司一职，只有一个张所可以担当此任，可他又因狂妄得罪了您。只是现在形势急迫，不得不试着用一用他。如果让他担任御史、谏议大夫一类要职，那是不行的；让他暂时当个招抚使，去冒死杀敌立功赎过，好像不大碍事。"黄潜善欣然表示同意。

善应二十一

【提要】

本卷主要从处理国家的外交内政、调整个人的言谈举止等方面列举了一些处变不惊、巧于应对的故事，目的在于帮助人们增广见闻，开启心智，掌握应对技巧，培养应变能力。

【原文】

事来而不知所以应之，有手足无措者矣。或乃仓卒谈笑，而随机赴节，动中窾卻，抑又何欤？夫人之才分，各有所至，灵心辟而特进一筹，更事多而倍饶肆应。节取其事，不惟其人试探夫囊底智，要足以博因应之资云。

【译文】

事到临头而不知道如何应付，犹如有手足而不知如何放置。有的人却在仓促之际、谈笑之间能随机应变，跟上节拍，切中要害，因而圆满得体地解决问题，这又是什么原因呢？人的才情天资，本来各有所长，如果灵心萌动，那么应变能力就能更进一层；愈是见多识广，应付各种事情自然就更加得心应手。下面选取一些巧于应对的故事，读后不但可以帮助我们探求到故事中包含的智慧，更重要的还可以使我们获取不少随机应变的方法。

【原文】

齐晏婴使吴，吴王谓行人曰："吾闻婴也辩于辞，娴于礼。命傧者客见，则称天子。"明日晏子将事，行人曰："天子请见。"晏子慨然者三，曰："臣受命敝邑之君，将使于吴王之所，不佞而迷惑，入于天子之朝，敢问吴王乌乎存？"然后吴王曰："夫差请见。"见以诸侯之礼。

【译文】

春秋时期，齐国的晏婴出使吴国，吴王夫差对掌管朝觐事务的行人说："我听说晏婴这个人善于言辞，又熟悉礼仪。传令接待客人的傧相在客人拜见时以天子尊称寡人。"第二天，晏子要拜见吴王，行人对晏子说："天子请你相见。"晏子听后，感慨叹息了好一会，说："我奉了我们国君的命令，要出使到吴王的所在地，可我愚昧昏聩竟迷迷糊糊地跑到周天子的朝廷来了，冒昧地请教一下，您知道吴王在什么地方吗？"晏子说完以后，吴王只好说："夫差有请。"于是，晏子就按照拜见诸侯的礼节拜见了吴王。

【原文】

秦王使人献玉连环于君王后，曰："齐人多智，能解此环乎？"君王后取椎击碎之，谢使者曰："已解之矣。"

【译文】

秦王派人送给君王后（齐襄王后）一个玉连环，并且说："齐国人向来聪明多智，你能解开这个玉连环吗？"君王后取过槌子将玉连环砸碎，然后辞谢使者说："我已经把环解开了！"

【原文】

三国时，吴魏濡须之战，孙权尝乘大船来观曹军。曹军弩箭乱发，箭着船旁，船偏重。权令回船，更一面以受箭，箭均船平。

【译文】

三国时，吴魏两国在濡须作战。在战斗中，孙权曾乘坐大船来观察曹军的虚实动静。曹军乱箭齐发，射过来的箭集扎在船的一边，致使船身倾斜。孙权命令掉转船身，让船的另一边来承受箭支，很快船两边的箭一样多，船也平稳了。

【原文】

岳飞知金恶刘豫，可间而动。会军中得金谍者，飞阳责之曰："汝非吾军人张斌耶？吾向遣汝至齐，约诱致四太子，汝往不复来。吾继遣人问齐，已许我以会合寇江为名，致四太子于清河。汝所持书竟不至，何背我耶？"谍冀缓死，即诡服。乃作蜡书，言与刘豫共计谋金事，复遣至齐问举兵期，刲股纳书，戒勿泄。谍归，以书报金太子，太子大惊，驰白其主，遂废豫。

【译文】

岳飞知道金人不喜欢伪齐王刘豫，可以用反间计来离间他们。正巧部队捉到了一名金国间谍，岳飞假装认错了人，责备那人说："你不是我军中的张斌吗？我原先派你到齐国去，与齐王商议引诱金国四太子的事，你一去不回；我后来又派你到齐国询问，齐国已经答应我以'会合寇江'为名，把金国四太子引到清河来。你竟然没把书信送到，为什么要背叛我呢？”那金国间谍希望能延缓死期，就假装认罪。岳飞于是又写一封蜡信，信上写的是和刘豫共同谋划反抗金兵的事，并说再次派“张斌”到刘豫那里询问起兵的具体日期。岳飞让“张斌”割破大腿，把信藏在里面，嘱咐他千万不要泄露风声。金国间谍脱身后跑回金营，把信交给四太子，四太子看信后大吃一惊，派人飞快地报告给金国国主，金人于是废掉了刘豫。

【原文】

汉元帝不喜太子，时中山哀王薨，太子前吊。哀王者，帝之少弟，与太子同学相长大。上望见太子，感念哀王，悲不自止。睹太子不哀，大恨曰：“安有人不慈仁而可奉宗庙为民父者乎？”太傅史丹免冠谢曰：“臣诚见陛下哀痛中山王，至于感损。向者太子当进见，臣切戒属无涕泣，感伤陛下。罪乃在臣，当死。”上以为然，意乃解。

【译文】

汉元帝不喜欢太子，当时中山哀王死了，太子前去吊唁。中山哀王是元帝最小的弟弟，曾与太子一同读书，一起长大。元帝从远处望见太子，就想起了哀王，悲痛得无法自止。当他看到太子不怎么悲痛时，非常恼恨地说：“哪有不慈不仁之人却可以尊奉宗庙、做老百姓的父母的呢？”太傅史丹急忙免冠请罪说：“我发现陛下这几天由于哀痛中山王的去世，伤心过度以至于损害了健康，因此刚才太子进见之前，我特意叮嘱叫他不要流泪，免得引起陛下的伤感。这个罪过是由我造成的，我罪该万死。”皇帝认为史丹的话说得合乎情理，这才消除了对太子的不满。

【原文】

唐肃宗为太子，常侍膳。尚食置熟，俎有羊臂臑，上顾使太子割。肃宗既割，余污漫在手，以饼洁之，上熟视不怿。肃宗徐举饼啖之，上甚悦，谓太子曰：“福当如此惜。”

【译文】

唐肃宗当太子时，经常陪同皇帝吃饭。有一次吃饭时，尚食摆上了熟食，砧板上有羊臂臑。皇帝看着太子，示意让他来切割。肃宗割完后，满手油污，于是拿了一块饼来擦拭。皇帝眼睛盯着太子，显露出不高兴的神色。哪想到肃宗慢慢拿起那块饼吃掉了，皇帝非常高兴，对太子说：“有福本来就应该如此爱惜才是。”

【原文】

明太祖初造宝钞，屡不成，将戮工匠。匠惧，乃妄奏云：“前代造钞，皆用贤人心肝然后成。”太祖信之，入以语后马氏，欲于文臣内从事。马后启曰：“以妾观之，今秀才们所作文章，即是贤人心肝，用之足矣，焉用杀为？”高皇大悦，乃于国子监取而用之，钞遂成。故监生常课之外，别有进呈文字，谓之进呈册，置尚宝司局中，永为定例。

【译文】

明太祖当初制造宝钞时，工匠们多次试造都不能成功。太祖大怒，要杀掉那些工匠。工匠害怕，就胡乱上奏说："前代制造宝钞，都要用贤人的心肝，然后才能造成。"太祖信以为真，回宫后对马皇后讲了这件事，并说要从文臣中选贤人、取心肝。马后对太祖说："依我看来，如今秀才们所写的文章，就是贤人心肝，用这些文章就足够了，哪里需要真正杀人呢？"太祖听后非常高兴，就让人到国子监取了秀才们的文章拿来制造宝钞，宝钞于是便造成了。所以从那以后，国子监的监生们除了日常的课程外，还要专门进呈文字，叫作进呈册，放在尚宝司局中。这种做法，成了以后的定例。

【原文】

明白瑾妻，山阴葛氏女也。成化中，瑾为分宜令，病逾时，库贮银数千两。邻境有因饥作乱者，聚徒百人，将劫取之。县故无城郭，寇卒至，诸簿丞挈家走匿。葛分命家人力拒其两门，迁瑾于他室，埋其银于污池中，著瑾之服升堂以候贼。贼至，阳为好语相劳苦，尽出其私藏钗珥衣服诸物以候贼，贼谢而去，不知阴已表识。竟物色捕得之。

【译文】

明代白瑾的妻子，是山阴葛家的女儿。宪宗成化（1465—1487）年间，白瑾担任分宜县令，生病了很长一段时间，当时县库中存有数千两银子，邻近地区有人因饥饿而作乱，聚集了一百多个同党，将要抢劫这批银两。分宜县本来没有城墙，贼人突然到来，主簿、县丞等人都带着家人逃走并躲藏起来。葛氏命令家人奋力守住县衙的前门和后门，把白瑾转移到别的房子里，将银子埋在污池中，然后穿上白瑾的官服，升堂以等待贼人。贼人来了，她假装用好言语慰劳他们，并且把自己私藏的钗、珥、衣服等都拿出来送给贼人，贼人感激而去，却不知道葛氏暗地里已经在衣服首饰上留下了标记。后来根据这些标记搜捕，把作乱的贼人全都抓到了。

【原文】

明周之屏在南粤时，张江陵欲行丈量，有司以侗瑶田不可问。比入觐，藩臬郡邑合言于朝，江陵厉声曰："只管丈。"周悟其意，揖而出，众尚嗫嚅。江陵笑曰："去者解事人也。"众出问周云："何？"曰："相公方欲一法度以齐天下，肯明言有田不可丈耶？申缩当在吾辈。"众方豁然。

【译文】

明代的周之屏在南粤做官时，张居正想丈量全国土地，有关官吏认为侗、瑶等族的田地不能丈量。等到入京朝见皇帝时，各地一齐把这个意见反映给朝廷，张居正厉声说："只管丈量。"周之屏理解了张居正的言下之意，行礼后退出，而其他人还在嗫嚅不已。张居正笑道："出去的那个人已经明白了我的意思。"大家出来后询问周之屏说："张丞相究竟是什么意思？"周之屏说："张丞相正想统一法令制度来整顿天下财务，哪能公开说有些田地不可丈量的呢？怎么变通，全由我们自己掌握。"大家这才恍然大悟。

【原文】

明黔国公沐朝弼，犯法当逮。朝议谓朝弼纪纲之卒且万人，逮恐激变。张居正擢用其子，驰单使缚之，卒不敢动。既至请贷其死，而锢之南京。人以为快。

【译文】

明朝黔国公沐朝弼触犯法律，理应将他逮捕。朝中大臣议论说沐朝弼管辖的亲兵有上万人，逮捕他恐怕引起叛乱。张居正于是便提拔沐朝弼的儿子，只派了一个使者去逮捕沐朝弼，他的亲兵不敢轻举妄动。沐朝弼被带到京城后，张居正又请求皇帝免除他的死罪，将他囚禁在南京。人们认为此事处理得大快人心。

【原文】

宋赵方为荆湖制置使，一日方赏将士恩，不偿劳军士，势欲为变。子癸时年十二三，觉之，亟呼曰："此朝廷赐也，本司别有赏。"军心一言而定。

【译文】

宋朝的赵方担任荆湖制置使时，有一天奖赏了将领的功劳而没有奖赏士兵，士兵酝酿发动兵变。赵方的儿子赵癸，当时年仅十二三岁，他发现这一情况后，急忙大声喊道："这是朝廷的赏赐，本制置使另外还有给军士的赏赐。"因他这一句话，军心马上就安定下来。

驭人二十二

【提要】

支配、控制、驾驭他人，是一门值得研究的学问。本卷辑录了古人成功对付蛮夷、叛逆、奸恶之人的故事，表明驭人得当与否，往往取决于当事人的识见、智慧、勇气、胆略和仁德。

【原文】

马之力大于人，乃人执策而临之，进退惟命不敢执拗者，六辔在手也。惟人亦然。驭之得其策，则缰以戎索，远人可以羁縻入我牢笼，奸宄随所操纵。虽有泛驾之材、不檠之性，无难鞭笙使之矣。《诗》曰："抑磬控忌，抑纵送忌。"盖不独善驾马者，惟王良造父为然也。

【译文】

马的力气大于人，但是当人拿着鞭子面对它时，要它进就进，要它退便退，唯人之命令是从，不敢违抗，这是由于马的缰绳在人的手中。

对人的掌握、控制也是如此。如果控制方法得当，那么施以戎狄之法，即使边疆少数民族也可以为我们笼络掌握，那些为非作歹的人也可由我们随意操纵。即使他们有掀翻车驾之材、桀骜不驯之性，也不难用鞭子来驾驭。《诗经》中说："或是止马不前，或是纵马奔驰。"只要掌握了方法，善于驾马赶车的，不仅仅只是王良、造父才能如此啊！

【原文】

宋真宗时，曹克明官融、桂等十州都巡检。蛮来献药一器，曰："此药凡中箭者敷之，创立愈。"克明曰："何以验之？"曰："请示鸡犬。"克明曰："当试以人。"遂以箭刺蛮股，敷以药，蛮立死。群蛮惭惧而去。

【译文】

北宋真宗时，曹克明担任融、桂等十州都巡检使，蛮人前来进献一箱药，说道："凡是中了箭伤的，敷上这种药，伤口马上就会好。"曹克明问道："怎样验证呢？"蛮人回答说："请用鸡犬来验证。"曹克明说："应当用人来验证。"便用箭刺伤蛮人的大腿，敷上这种药，而这个人却立即死掉了。其他蛮人都羞愧害怕地逃走了。

【原文】

宋时于阗使者入朝，过秦州，经略使以客礼享之。使者骄甚，留月余，坏传舍什器，纵其徒入市掠饮食，民户皆昼闭。谢希亮闻之，曰："吾尝主契丹使，得其情。使者初不敢暴横，皆译者教之。吾痛绳以法，译者惧，其使不敢动矣，况此小国乎？”乃使教练使持符告译者曰：“入吾境有秋毫不如法，吾皆斩。”若取军令状以还。使者至，罗拜庭下，希亮命坐两廊，饮食之，护出其境，无一人哗者。

【译文】

宋时于阗使者入朝晋见，路过秦州，秦州经略使用待客的礼节来招待他们。使者十分骄横，在秦州居留一个多月，不仅毁坏了旅舍里的家什器具，而且放任随从人员到街上抢掠吃喝，致使百姓大白天都紧闭门户。谢希亮听到后，说：“我曾经接待过契丹使者，了解他们的一些情况。使者开始不敢暴虐强横，都是翻译人员教唆他们干的。我严厉地将他们绳之以法，翻译人员害怕了，他们的使者也就不敢轻举妄动了，更何况像于阗这样的小国呢？”于是，派教练使拿着符节对翻译人员说：“进入我国境内后，如果有丝毫不法行为，我们都要杀掉。”翻译人员像拿着军令状一样地回去了。于阗使者到后，在庭下罗列而拜，谢希亮命他们坐在两廊，用饮食招待他们，然后护送他们出境，没有一个胆敢喧哗的。

【原文】

宋熙宁中，高丽入贡，使者凌蔑州郡。押伴使臣皆本路管库，乘势骄横，至与钤辖亢礼。时苏轼通判杭州，使人谓之曰："远夷慕化而来，理必恭顺。今乃尔暴恣，非汝导之，不至是。不悛当奏之。"押伴者惧，为之小戢。使者发币于官吏，书称甲子，公却之曰："高丽于本朝称臣，而不禀正朔，吾安敢受。"使者亟易书称熙宁，然后受之。

【译文】

宋神宗熙宁(1068—1077)年间，高丽前来进贡，其使者欺凌蔑视沿途州郡的地方官员。陪同使臣都是沿途官府的管库人员，也乘势骄纵横行，以至于与钤辖司长官分庭抗礼。当时苏轼担任杭州通判，派人告诉陪同使臣说："远方外族归化我朝前来进贡，按理必定恭顺，如今却这样暴戾放肆，如果不是你们引导他们，他们就不至于这样。你们要是不改正，我就要上奏朝廷。"陪同使臣害怕了，因此稍有收敛。高丽使者在给官吏送礼物的文书中以甲子纪年，苏轼便把它退了回去，说："高丽向宋朝称臣，却不秉承宋朝颁布的历法，我哪敢接受！"高丽使者赶快改变写法，称"熙宁"，苏轼才接受。

【原文】

唐神策军使王驾鹤，久典禁兵，权震中外。德宗将代之，惧其变，以问崔祐甫。祐甫曰："是无足虑。"即召驾鹤留语移时，而代者白志贞已入军中矣。

【译文】

唐代神策军使王驾鹤长期统领禁军，权势震动朝廷内外。德宗准备撤换他，又担心他搞兵变，便向崔祐甫询问办法。崔祐甫说："这不值得忧虑。"于是召见王驾鹤，留下来说了一会儿话，而代替王驾鹤的白志贞已到禁军中上任了。

【原文】

宋太宗大渐，内侍王继恩忌太子英明，阴与参知政事李昌龄等谋立楚王元佐。吕端问疾禁中，见太子不在旁，疑有变，乃以笏书"大渐"二字，令亲密吏趣太子入侍。太宗崩，李皇后命继恩召端。端知有变，即绐继恩，使入书阁检太宗先赐墨诏，遂鐍之于阁而入。皇后曰："宫车晏驾，立嗣以长，顺也。"端曰："先帝立太子，正为今日。今始弃天下，岂可遽违命有异议耶？"乃奉太子。真宗既立，垂帘引见群臣，端平立殿下不拜，请卷帘，升殿审视，然后降阶，率群臣拜呼"万岁"。

【译文】

宋太宗病危，内侍宦官王继恩顾忌太子英明，就暗中和参知政事李昌龄等勾结，阴谋策划另立楚王赵元佐。吕端到宫中探问皇帝病情，看见太子不在皇帝身边，怀疑将会有什么变故，就在笏板上写了"大渐"二字，命令亲密的官吏去催促太子入宫侍奉皇帝。太宗死后，李皇后叫王继恩宣吕端进宫。吕端知道有变故，就哄骗王继恩到书阁中，取出太宗原先赐给自己的亲笔诏书，并把王继恩锁在书阁中，然后才去后宫。皇后说:“皇帝已经去世,立长子继位是自然而然的。”吕端说:“先帝立太子,正是为现在考虑。目前皇帝刚刚去世,怎么可以很快就违背圣命而持不同意见呢?”于是,奉太子为皇帝。宋真宗继位为皇帝后,垂帘召见群臣。吕端平身站在金殿下面而不跪拜,请皇帝卷起帘子,自己登上金殿,细看真切之后,才走下台阶,率领着群臣跪拜,高呼“万岁”。

【原文】

汉袁盎,患为宦者赵谈所害。兄子种为常侍骑,谓盎曰:“君众辱之,后虽恶君,上不复信。”于是上朝东宫,赵谈骖乘,盎伏车前曰:“臣闻天子所与共六尺舆者,皆天下英豪,陛下独奈何与刀锯之余共载?”于是上笑,下赵谈,谈即下车。自是谈不复能陷盎。

【译文】

汉代袁盎,担心被宦官赵谈陷害。他兄长的儿子袁种担任常侍骑,对袁盎说:“您可以当众羞辱赵谈,即使他以后再说您坏话,皇帝也

不会相信了。”有一天,皇帝驾车赴东宫,赵谈陪皇帝坐在车的右边。袁盎跪伏在车驾前说:“我听说同天子共乘一辆车的人,都是天下英豪。陛下您为何偏偏要同受过腐刑的宦官同乘一辆车呢?”于是,皇帝便笑着让赵谈下车。从此以后,赵谈就不能再陷害袁盎了。

【原文】

东汉真定王扬谋反,光武使耿纯持节收扬。纯既受命,若使州郡者,至真定,止传舍。扬称疾不肯来,与纯书欲令纯往。纯报曰:“奉使见侯王、牧守,不得先往,宜自强来。”时扬弟让、从兄绀皆拥兵万余,扬自见兵强,而纯意安静,即从官属诣传舍,兄弟将轻兵在门外。扬入,纯接以礼,因延请其兄弟皆至。纯闭门悉诛之,勒兵而出。真定震怖,无敢动者。

【译文】

东汉初年,真定王刘扬谋反,光武帝派耿纯为使者,持符节拘捕刘扬。耿纯接受命令后,像出使各州郡的使者一样,到达真定后住在招待使臣的旅舍里。刘扬借口有病,不肯相见,派人给耿纯送来一封信,想请耿纯过去相见。耿纯写信回答说:“我奉命出使到王侯、州郡长官所在地,不能主动先去拜见,如果您想见面,可勉强支持病体到旅舍里来相见。”当时刘扬的弟弟刘让、堂兄刘绀都领兵万余人,刘扬仗着自己兵多势众,而耿纯又意态安静,便随即带领下属侍从到了旅舍,而让弟弟刘让、堂兄刘绀带着轻兵守在门外。刘扬进来后,耿纯以礼相迎,乘机请他的兄弟都前来相见。然后,耿纯便关上门把刘扬兄弟几人全都杀掉,接着率兵而出。整个真定都震惊恐惧,无人敢动。

【原文】

晋王敦用温峤为丹阳尹，置酒为别。峤惧钱凤有后言，因行酒至凤，未及食，峤伪醉以手板击之堕帻，作色曰："钱凤何人！温太真行酒敢不饮？"凤不悦，敦以为醉，两释之。明日，凤曰："峤与朝廷甚密，未可必信，宜更思之。"敦曰："太真昨醉，小加声色，岂得以此便相谗贰？"由是峤得还都，尽以敦谋告帝。

【译文】

东晋时，王敦任用温峤为丹阳尹，举行酒宴为他饯别。温峤怕钱凤日后在王敦面前说自己的坏话，便借劝酒之机到钱凤面前敬酒。钱凤还没有来得及喝下去，温峤便假装喝醉了，用手板击落钱凤的头巾，变脸说道："钱凤你算什么东西，我温太真敬酒竟敢不喝？"钱凤很不高兴，王敦以为温峤喝醉了酒，便两下劝开了他们。第二天，钱凤对王敦说："温峤与朝廷关系非常密切，未必可信，应当再考虑考虑。"王敦说："温太真昨天醉酒，对你稍有不恭，你怎能因此进谗言而说他有二心呢？"由此温峤才得以返回都城建康，把王敦阴谋叛乱的事情全部向皇帝做了汇报。

利导二十三

【提要】

“利导”是指顺应事情的发展趋势加以引导,使之朝有利的方向发展转化。本卷收录了前人因势利导、化害为利的成功范例,可为我们应事处世提供借鉴。

【原文】

固防塞堤,不如决之使流,因其势也。夫纳约自牖,则听若转圜;披卻中窾,则涣若冰释。善因者不更化而成,不易民而理。若禹之行水也,行其所无事,则导之而已矣。导者以利为本,因区其事以资取法焉。

【译文】

加固堤防堵塞洪水,不如消除障碍使水流畅通,这才是顺应了水的流势。从窗户里收进绳索,就可得心应手,像圆转的轮一样自如;解牛顺着关节,就可以避开筋骨,涣然如同冰雪融化。善于因势利导的人,不改变教化,政治就能取得成功;不更换百姓,国家就能得到治理。这就如同大禹治水一样,并不需要别的方法,只是疏导洪水使它流通就可以了。因势利导,利是根本,因而我把历史上善于因势利导的事例予以区分,以供人们借鉴。

【原文】

田单复齐，立襄王，相之。过淄水，有老人涉淄而寒，出不能行，坐于涉中。单解裘而衣，襄王恶之，曰："田单之施，将以取我国乎？不早图，恐后之。"左右顾，无人。岩下有贯珠者，呼而问之曰："汝闻吾言乎？"对曰："闻之。"王曰："汝以为何若？"对曰："王不如因以为己善。下令曰：'寡人忧民之饥也，单收而食之；寡人忧民之寒也，单解裘而衣之。'单有是善，而王嘉之善，单之善亦王之善矣。"王曰："善。"乃赐单牛酒，嘉其行。数日，贯珠者复见王，曰："王至朝日，宜召田单揖之于庭，口劳之。乃布令求百姓之饥寒者，收谷之。"乃使人听于闾里，闻相与语曰："田单之爱人，乃我王之教泽也。"

【译文】

田单复兴齐国时，迎立齐襄王，并被任命为相国。有一次经过淄水，有位老人在渡河时因受寒冷而发抖，无法前进，坐在河岸边。田单脱下自己的皮衣给他穿。襄王对此非常不满，说："田单广施善行笼络人心，莫非是想篡夺我的国家？如不早作提防，恐怕要受他挟制。"说罢左右环视，周围无人，只见到山崖下边有个采珠人。襄王便大声问道："你听到我的话了吗？"采珠人说："听到了。"襄王又问："你认为怎么样？"采珠人答道："大王为什么不因势利导，把它变成自己的善行呢？您可以下令说：'我忧虑百姓挨饿，田单就替我收容并养活他们；我忧虑百姓受寒，田单就脱下皮衣给老人穿。'田单广施善行，大王嘉奖他，那么他的善行也就变成大王的善行了。"襄王听了说："好！"

于是齐襄王给田单赏赐了牛和酒，以表彰他的善行。几天后，采珠人又前来拜见襄王说："来日百官上朝，大王应在朝廷上向田单作揖致谢，并在街市人多处广为宣传。然后下令寻求饥寒的百姓，收容并供养他们。"事后襄王派人到民间打听，听到百姓相互议论说："田单爱护百姓，原来全都是我们襄王的恩德啊！"

【原文】

唐德宗即位，淄青节度李正己表献钱三十万缗。上欲受，恐见欺；却之则无词。宰相崔祐甫请遣使慰劳淄青将士，因以正己所献钱赐之，使将士人人戴上恩，诸道知朝廷不重财货。上从之，正己大惭服。

【译文】

唐德宗即位不久，淄青节度使李正己上表说要献给朝廷三十万缗钱。德宗想接受，怕被欺骗；推辞吧，又找不出合适的理由。宰相崔祐甫建议皇帝派遣使臣前去慰劳淄青将士，乘机把李正己所献出的钱赏赐给淄青将士。这样做既可以使淄青将士都感激皇恩，又可以让其他各地都知道朝廷并不看重钱财。皇帝采纳了崔祐甫的意见，李正己非常惭愧但很心服。

【原文】

宋宝元间，西鄙用兵，大将刘平战死。议者以朝廷委宦者监军，主帅节制，有不得专者，故平失利。诏诛监军黄德和。或请罢诸帅监军，仁宗以问吕夷简。夷简对曰："不必罢，但择谨厚者为之。”仁宗委夷简择之。对曰：“臣待罪宰相，不当与中贵私交，何由知其贤否？愿诏都知押班，但举有不称者与同罪。”仁宗从之。翌日都知叩头乞罢诸监军宦官。士大夫喜夷简之有谋。

【译文】

北宋仁宗宝元(1038—1040)年间，西部边疆发生战事，大将刘平战死。谈论这件事的人们认为这是由于朝廷委派宦官监军，使主帅受到他们的节制，无法自主作战，因此导致刘平失利。仁宗下诏诛杀了刘平军中监军黄德和。有人请仁宗下令罢除所有军队中的宦官监军，宋仁宗就此事询问宰相吕夷简的意见。吕夷简回答说：“没有必要取消监军，只须选择那些谨慎宽厚的宦官担任监军就行了。”仁宗便委托吕夷简进行挑选，吕夷简推辞说：“我是个不称职的宰相，从来不和宦官交往，怎么能知道他们的好坏呢！还是请您下诏让负责管理宦官的都知来举荐，要是他们举荐的人不称职，便和被举荐者同样治罪。”仁宗听从了这个意见。第二天，都知向仁宗叩头，请求罢除各军中的监军宦官。士大夫们都非常赞赏吕夷简的谋略。

【原文】

宋王德用为定州路总管，日训练士卒，久之，士殊可用。会契丹有谍者来觇，或请捕杀之。德用曰：“第舍之，吾正欲其以实还告。百战百胜，不如以不战胜也。”明日，故大阅，士皆踊跃思奋，乃阳下令：“具糗粮，听旗鼓所向。”觇者归告，谓汉兵且大入，遂来议和。

【译文】

宋朝的王德用担任定州路总管时，每天训练士兵，经过长期训练，士兵的战斗力大大增强。这时正遇上契丹派间谍前来侦察，有人主张将间谍捉住杀掉。王德用却说："暂时不要杀掉他们，我正想让他们把我军的实情报告给契丹人呢！百战百胜，不如不战而胜。"第二天，王德用故意举行盛大的阅兵仪式，士兵们都斗志昂扬。王德用又假装下令准备干粮，让军队听从旗鼓的指挥随时出战。契丹间谍回去后把这些情况如实奏报，说宋兵即将发动大规模的进攻。契丹因此赶快前来议和。

【原文】

宋王子醇枢密，帅熙河日，西戎欲入寇，先使人觇我虚实，逻者得之，索其衣缘中，获一书，乃是尽记熙河人马刍粮之数。官属皆欲支解以徇，子醇忽判杖背二十，大刺"番贼决讫放归"六字，纵之。是时适有戍兵马骑甚众，刍粮亦富。虏人得谍书，知有备，其谋遂寝。

【译文】

宋朝的枢密使王子醇担任熙河主帅的时候，西北边境的西夏准备入侵中原，先派人侦察我方虚实，被巡逻的士兵捉住。搜查中发现他的衣服边中有一封信，上面所记的全是熙河宋军人马粮草的数目。下属官吏都主张把他肢解示众，王子醇却只判杖背二十，并在他身上刺了"番贼决讫放归"六个大字，就释放了他。当时正值宋军边境兵马众多、军粮充足时期。西夏得到这些情报，知道宋军早有防备，图谋入侵的计划只好放弃。

【原文】

宋狄青将兵击侬智高，行时，而有因贵近求从行者。青曰："君欲从行甚善。然智高小寇，上遣青行，可以知事急矣。从青之士，击贼有功，当有厚赏；不然军中法重，青不能私。君自思之，愿行则奏取君矣。"于是无敢求从行者。

【译文】

宋朝时，狄青率兵要进攻侬智高，临行前有人托显贵亲近者说情，请求随狄青出征。狄青说："您愿意随我同去征讨叛贼，这很好。不过侬智高是个小小的贼寇，而皇帝竟派我前去平定，可见事情非常紧急。随我同去的人，如果进攻贼寇有功劳，肯定会得到丰厚的赏赐；否则军法严峻，我狄青不敢偏私。您再好好想想，愿意随我去，我就上奏皇帝批准。"于是，再也没有敢请求随同狄青出征的人了。

【原文】

明罗某初出使川中，泊舟水次，有男女俱浴于河，且嬉笑舟边。罗遣人禁之，竟鼓噪大骂，反抛石舟中。人多卒不可治，乃诉之县，稍鞭数人。既而抚蜀，县民大骇。罗公又泊舟旧处，大言曰："此处民前被我惩创一番，今乃大变矣。"嗟叹良久，民心遂安。

【译文】

明朝一位姓罗的官员初次出使四川，把船停在水边，当时有许多男女都在河中洗澡，并在船边嬉笑吵闹。罗某派人前去禁止，谁知他们竟然喧闹叫骂，并向船里扔石头。他们人多势众，罗某没有办法。

于是把情况反映给当地县衙，县衙稍加惩罚，鞭打了几个人。不久，罗某被派遣到四川任职，当地百姓为此非常害怕。罗公就再次把船停在原来的地方，大声说道："这里的百姓原先被我惩罚过一次，如今已经大大改变过来了！"他说完后感叹好久。当地百姓听说后，这才放下心来。

【原文】

宋孙莘老知福州时，民欠市易钱，系者甚众。有富人出钱五百万葺佛殿，请于莘老。莘老曰："汝所以施钱者，何也？"曰："愿得福耳。"曰："佛殿未甚坏，佛未至露坐也，孰若为狱囚代偿官逋，使数百人脱桎梏之若，得福岂不多乎？"富人即日输钱，囹圄为之一空。

【译文】

宋朝孙莘老任福州知州时，百姓中因为欠了市场交易税而被囚禁的人很多。有位富人愿意出钱五百万用来维修佛殿，为此征求孙莘老的意见。孙莘老问道："你布施这么多钱，为了什么呢？"富人回答说：

"希望得到佛祖的赐福。"孙莘老说:"佛殿破旧得并不十分厉害,佛像也没暴露在外,你还不如用这些钱替囚禁的人偿还欠款,让几百人免除囚禁的苦痛,这样得到佛祖的福佑不是会更多吗?"富人当天就拿出钱来,替人们偿还了市场交易税欠款,监狱因此为之一空。

【原文】

明尚书刘南垣请老家居,有直指使以饮食苛求属吏,有司患之。公曰:"此吾门生,当晓谕之。"俟其来,留款之,曰:"老夫欲设席,恐妨公务,家常便饭,能对食乎?"使不敢辞。自朝过午,连进苦茗,饥甚。比食至,惟脱粟饭,腐一盂而已,各食三碗,使已过饱。少顷,佳肴美醖罗列盈前,不复下箸,公故强之。对曰:"饱甚,不能矣。"公笑曰:"可见饮馔原无精粗,饥则易为食,饱则难为味,时势使然耳。"使喻其讽已,后不复以盘餐责人。

【译文】

明朝尚书刘南垣告老还乡,有位直指使常常因饮食苛求下属官吏,有关的下属官吏对此非常忧虑。刘南垣说:"这位直指使是我的门生,我会劝告他的。"等到这位直指使前来拜见的时候,刘南垣就留客款待,说道:"老夫本想设宴招待,但恐怕妨碍你的公务,现在只准备了一点家常便饭,能留下来同我一块吃饭吗?"直指使不敢推辞。他们从早上一直坐到中午,只有茶水不断送来,两人都非常饥饿。等到饭食送来,只是一些去皮的谷米饭,另加一盘豆腐而已,两人各吃了三碗米饭,直指使已感到吃得很饱了。过了一会儿,佳肴美酒摆满桌前,直指使不再下筷，刘南垣竭力劝他再吃。直指使说：“我已经吃得太饱了，不能再吃了。”刘南垣笑道：“可见饮食本来无所谓精粗，饥饿时什么东西都觉得好吃，吃饱了就觉得什么都不合口味，这是时势造成的呀！”直指使明白刘南垣在讽喻自己，从此以后再也不因饮食不合口味而责怪下属了。

沉机二十四

【提要】

沉机是指善于把握事物变化的趋势，掩藏好真正的动机，长远考虑、不露声色、伺机而动。本卷列举了历史上虑事深远、隐忍图存、沉稳镇定、善抓时机并获成功的事例，颇能给人启迪。

【原文】

机者动之微，少纵即逝，不密害成，故非明无以辨之，非柔无以克之，是沉之为用尚焉。《易》曰：“尺蠖之屈，以求信也；龙蛇之蛰，以存身也。”又曰：“惟深也，故能通天下之志；惟几也，故能成天下之务。”因抚囊轨，并巾帼之饶智术者，略著其梗概云。

【译文】

机遇是事物变化所显示的征兆或迹象，稍纵即逝，不缜密就会酿成灾害。所以不明白事理就无法分辨它，不用柔顺的办法对付就无法克服它。这就是说隐藏意图所产生的作用是重大的。《易》说:“尺蠖的弯曲,是为了求得伸展;龙蛇的潜伏深藏,是为了保存自身。”又说:“正因为深藏不露,所以才能实现治理天下的志向;正因为能把握变化的先机,所以才能成就天下的事务。”因而摸索前人在这方面规范性的做法,连同妇女之中富有智略的事迹,我把它的梗概简略地记录下来。

【原文】

张耳、陈余皆魏名士。秦灭魏,悬金购两人,两人变姓名俱之陈,为里监门以自食。吏尝以过笞陈馀,馀怒欲起。张耳蹑之,使受笞。吏去,耳乃引余之桑下,数之曰:“始吾与公言何若?今见小辱而欲死一吏乎?”

【译文】

张耳、陈馀二人都是魏国的知名人士。秦国灭了魏以后,曾悬赏通缉两人,两人改名换姓一同逃到陈县,充当里门看守来糊口。陈县有个小吏,因为陈馀有过错而鞭打他,陈馀愤怒得想起来反抗,张耳暗中踩脚示意,让陈馀忍受鞭打。小吏走后,张耳就把陈馀拉到桑树底下数落他说:“当初我是怎么对你说的?现在你受了一点侮辱就想跟一个小吏拼命吗?”

【原文】

汉末杨彪与袁术婚,曹操恶之,欲诬以图废立,收彪下狱,使许令满宠按之。孔融与荀彧嘱宠曰:“但受词,勿加考掠。”宠不报,考讯如法。数日,见操言曰:“杨彪考讯无他词。此人有名海内，若罪不明白，必大失民望。窃为明公惜之。”操于是即日赦出彪。初，或与融闻宠拷掠彪，皆大怒，及因是得出，乃反善宠。

【译文】

东汉末年，杨彪和袁术联姻，曹操憎恶他，想以图谋废立的罪名诬陷他，于是收捕杨彪入了狱，然后指使县令满宠审讯他。孔融和荀彧叮嘱满宠说：“只记供词，不要以严刑拷打。”满宠没有答应，按法拷打审讯。过了几天，满宠拜见曹操说：“拷问杨彪没有得到其他的供词。这个人在全国素有名望，如果给他定罪而他的罪行又不清楚明白，一定会大失民心，我私下为您惋惜。”曹操因此在当天就释放了杨彪。一开始，荀彧和孔融听说满宠拷打杨彪，都十分愤怒，等到杨彪因此得以释放出来后，这才反过来赞许满宠。

【原文】

魏曹爽擅政，司马懿谋诛之，惧事泄，乃诈称疾笃。会河南尹李胜将莅荆州，来候懿。懿使两婢侍持衣，指口言渴。婢进粥，粥皆流出沾胸。胜曰：“外间谓公旧风发动耳，何意乃尔！”懿微举声音：“君今屈并州，并州近敌，好为之备。吾死在旦夕，恐不复相见，以子师、昭为托。”胜曰：“当忝本州，非并州。”懿故乱其辞曰：“君方到并州。”胜复曰：“忝荆州。”懿曰：“年老意荒，不解君语。”胜退告爽曰：“司马公尸居余气，形神已离，不足复虑。”于是爽遂不设备。寻诛爽。

【译文】

魏曹爽独揽朝政时，司马懿谋划诛杀他，但担心事情泄露，就诈称病得厉害。正巧河南尹李胜要到荆州去上任，前来问候司马懿。司马懿让两个婢女伺候，拉着婢女的衣角，指着嘴巴表示口渴。婢女喂他粥，他装作咽不下去，让粥全都流出来沾在胸上。李胜说："外边的人说您以前中风的毛病发作了，我哪里想到竟病成了这个样子！"司马懿微微提高声音说："您现在屈驾到并州任职，并州靠近敌人，要好好防备。我很快就死了，恐怕今后再也见不到您了，我把我的儿子司马师和司马昭托付给您照顾。"李胜说："我要忝居荆州任职，不是并州。"司马懿故意把话说得颠三倒四，说："您正要到并州。"李胜又说："我是忝居荆州任职。"司马懿说："我年老体衰，不懂您的话的意思。"李胜告辞后报告曹爽说："司马公快要死了，形与神已经分离，不再值得忧虑了。"曹爽于是就不再防备。不久，司马懿就诛杀了曹爽。

【原文】

唐颜真卿为平原太守，禄山逆迹颇著。真卿托以霖雨，修城浚隍，阴科丁壮，实储廪，佯命文士饮酒赋诗。禄山密侦之，以为书生不足虑。及禄山反，河朔尽陷，惟平原有备。

【译文】

唐朝颜真卿担任平原太守时，安禄山叛乱的迹象已经十分明显，颜真卿就以阴雨连绵为借口，修理城墙疏通护城河，暗中征调壮丁，充实储备粮仓，又假装让文人学士饮酒赋诗。安禄山秘密侦察后，认为书生不值得担心。等到安禄山叛乱时，河朔地区全部陷落，惟独平原郡有防备。

【原文】

梁末，襄州都军务周景温移职于徐，有劲仆自恃拳勇，独与妻策驴而行。至芒砀泽间，大声曰：“闻此素多豪客，其无一人与吾曹决胜负乎？”言毕有五六盗自丛薄间跃出，一人自后双手交抱，搏而扑之，抽短刃以断其喉，盖掩其不备也。惟妻在侧，殊无惶骇，但大呼曰：“快哉！今日方雪吾之耻也。吾本良家之子，遭其俘掠，以致于此，孰谓无神明哉！”贼谓其诚而不杀，与行李并甲驴，驱以南。迈近五六里，至亳之北界，达孤庄南而息焉。庄之门有器甲，盖近戍巡警之卒也。此妇遂径入村人之中堂，盗亦谓其谋食不疑。乃泣拜其总首，具告其夫遭屠之状。总首潜召其徒，一时执缚，械送亳城，咸弃市。妇返襄阳为尼终焉。

【译文】

南朝梁代末年，襄阳都军务周景温调动公职到徐州。他的家仆中有位自认拳脚功夫不错的人，单独和妻子赶着驴前往徐州邹景温的住所。到了芒砀一带的大泽中，那仆人大声喊道：“听说这里平时多豪杰，难道没有一个人敢和我一决胜负吗？”话音刚落，有五六个强盗从草丛中跳出来，其中一人从背后用双手把他抱住，其他人围着他把他扑倒，抽出短刀把他的喉管割断了，这一切都是乘其不备时干的。他妻子在旁边，却毫不惊慌害怕，只是大声呼叫说：“痛快啊！今天才洗刷了我的耻辱。我原本是好人家的女子，遭他俘获抢劫，最终落到这个境地。谁说没有神明呢！”强盗以为她是真心痛恨自己的丈夫，就没有杀她，将她连同行李和铠甲、驴，驱赶着往南走。往前走了五六里，进入亳州的北边地界，到达孤庄的南边休息。从村外可看到孤庄村里有拿兵器、穿着铠甲的士兵，可能是戍守在这一带的军队的巡警哨兵。这个妇人就一直走进村民的中堂，强盗以为她是找吃的，没有怀疑她。她于是含泪拜见了这里的部队的总头目，把她丈夫遭屠杀的情况详细相告。总头目偷偷地召集他的手下人，立刻把强盗们逮捕了，并戴上枷锁将他们送到亳州城，砍头示众。妇人回到襄阳当了尼姑，直到老死。

【原文】

宋绍兴中，京东王寓新淦之涛泥寺，尝宴客，中夕散，主人醉卧。俄有盗群入，执诸子及群婢缚之。群婢呼曰："司库钥者，兰姐也。"兰即应曰："有，毋惊主人。"付匙钥，秉席上烛指引之，金银酒器首饰，尽数取去。主人醒方知，明发诉于县。兰姐密谓主人曰："易捕也，群盗皆衣白，妾秉烛时，尽以烛泪污其背，当密令捕者，以是验。"后果皆获。

【译文】

南宋高宗绍兴（1131—1162）年间，京东的王氏借居在新淦的涛泥寺中，有一次设宴请客，直到半夜才散席，主人喝醉睡了。过了一会儿，有群强盗闯了进来，他们捉住他的儿子和众多婢女，并捆绑起来。婢女们呼叫说："掌管库房钥匙的是兰姐。"兰姐立即回答说："我这儿是有钥匙，请不要惊动主人！"兰姐随即把钥匙交给强盗，又拿起酒席上的蜡烛引他们前去库房，这样金银、酒器、首饰全部被他们抢走了。

主人酒醒后才知道这事，天亮后就告到县里。兰姐悄悄地对主人说：“这些强盗容易捉到，他们都穿着白色的衣服，我拿蜡烛时，用蜡泪把他们背后的衣裳全都弄脏了，应当秘密告诉捕快，靠这个来查验。”后来，那些强盗果然全都被抓获了。

【原文】

明，倭寇蹂躏姑苏，戟婴儿为戏。唐公顺之时家居，一见痛心，愤不俱生。时督师海上者赵文华，严分宜悻客也。公挺身往谒，与陈机略，且言非专任胡梅林不可。赵乃首荐起职方郎中，视师浙直，因任胡宗宪。宗宪亦厚馈严相，以结其欢。故无掣肘之虞，始得展布，以除倭患。

【译文】

明朝时，倭寇蹂躏姑苏，甚至用剑戟刺杀婴儿取乐。唐顺之当时赋闲在家，看到这种情景，痛不欲生，气愤得要和倭寇拼命。当时，督师海军防倭的将领是赵文华，他是严嵩极其宠幸的干儿子。唐顺之挺身前往赵文华处，给他讲述防倭的策略，并说防倭非得重用胡宗宪不可。赵文华即向严嵩推荐唐顺之，任用他担任职方郎中，负责浙江防务，唐顺之于是便委任了胡宗宪。胡宗宪也以厚礼结交严嵩，以便得到他的欢心。这样才消除了上下掣肘的忧虑，抗倭事宜得以展开，最终消除了倭寇对姑苏一带的祸害。

穷变二十五

【提要】

世态变幻万千，人情多有反复。本卷收录了古人处理人事关系方面的一些故事，告诉我们：立身处世，需要练达人情世态，洞察先机、知彼知己、穷其所变，才能做到万无一失。

【原文】

人情之变态甚矣！如夏云，如海市，倏忽万状，诡幻百出，我乌能穷其所至哉？《语》曰："不逆诈，不臆不信，抑亦先觉。"此固圣贤之能事，下此则识微知著，亦智者之所尚也。未事而先为之备，未形而显为之烛，知彼知己，百不失一，穷其变，斯变穷焉耳。

【译文】

人情的变化太大了，好像夏天的云，好像海市蜃楼，瞬息万变，诡幻百出，我怎能说清它的各种变化呢？《论语》说："不事先怀疑别人的欺诈，不随便揣测别人的不诚实，但要在面对欺诈或不诚实时能及时察觉。"这原本是圣贤的本领。比圣人次一等的，便是能见微知著，这也是聪明人所崇尚的。事情还没有发生时便预先对它有所防备，变化的形迹还没有显露时便明察其发展方向，了解他人也了解自己，就能做到万无一失，完全弄清了事情的各种变化，则变化也就穷尽了。

【原文】

齐隰斯弥见田成子，田成子与登台四望，三面皆畅，南望，隰子家之树蔽之。田成子亦不言。隰子归，使人伐之。斧离数创，隰子止之，其相室曰："何变之数也？"隰子曰："谚云：'知渊中之鱼者不祥。'夫田子将有事，事大而我示之知微，我必危矣。不伐树，未有罪也。知人之所不言，其罪大矣。"乃不伐也。

【译文】

齐国的隰斯弥拜见田成子，田成子同他一起登台四望，三面都畅通无阻，南面望去却被隰斯弥家的树木所遮蔽。田成子没说什么。隰斯弥回到家里，命人砍掉树木。但只砍了几斧，他便不让再砍了。他的家相问道："为什么这么快就改变了主意？"隰斯弥回答道："谚语说：知道深潭中有鱼的人是不吉祥的。田成子将篡夺公室，事情重大，如果我向他显示出我能明察微妙的变化，那我必定就很危险了。不砍树没有罪，知道人家所不愿意讲出来的心思，那罪过可就大了。"于是就停止砍树。

【原文】

赵蔺相如为宦者缪贤舍人。贤尝有罪，窃计欲亡走燕。相如问曰："君何以知燕王？"贤曰："尝从王与燕王会境上，燕王私握其手曰：'愿结交。'以故欲往。"相如止之曰："夫赵强燕弱，而君幸于赵王，故燕王欲结君。今君乃亡赵走燕，燕畏赵，其势必不敢留君而束君归赵矣。君不如肉袒负斧锧请罪，则幸脱矣。”贤从其计。

【译文】

赵国的蔺相如是宦官令缪贤的舍人。缪贤曾经有罪，私下里打算逃到燕国去。蔺相如问道：“您怎么知道燕王？”缪贤说：“我曾经跟从大王与燕王在边境上会晤，燕王私下握住我的手说：‘愿和你结交。’因此我想前去投奔他。”蔺相如劝阻他说：“赵国强大，燕国弱小，而您当时又受赵王的宠幸，所以燕王想和您结交。现在您逃离赵国投奔燕国，燕王害怕赵国，势必不敢收留您，反而会绑了您送回赵国。您不如赤身背上斧和锧去向大王请罪，或许能侥幸逃脱惩罚。”缪贤听从了蔺相如的计谋。

【原文】

越朱公居陶，生少子，及壮，而朱公中男杀人，囚楚。朱公曰：“杀人而死职也，然吾闻千金之子不死于市。”乃治千金装，将遣其少子往视之。长男固请行，不听，欲自杀，其母强为言。公不得已遣长子，为书遣故所善庄生，因语长子曰：“至则进千金于庄生，听其所为，慎勿与争事。”长男行，如父言。庄生曰：“疾去，毋留。即弟出，勿问所以然。”长男阳去，而私留楚贵人所。庄生故贫，然以廉直重，楚王以下皆师事之。朱公进金，未有意受也，欲事成归之，以为信耳。然朱公长男不解其意，以为殊无短长。庄生以间入见楚王，言某星某宿不利楚，独为德可除之。王素信生，即使使封三钱之府。

贵人告朱公长男以王且赦，长男以为弟固当出，千金虚弃。乃复见庄生，生惊曰：“汝不去耶？”长男曰：“固也，弟今且自赦，故辞去。”生知其意，令自入室取金去。庄生羞为孺子所卖，乃入见楚王曰：“王欲以修德禳星，乃道路喧传陶之富人朱公子杀人囚楚，其家多持金钱赂王左右，故王赦非能恤楚国之众也，特以朱公子故。”王大怒，令论杀朱公子，明日下赦令。于是朱公长男竟持弟丧归，其母及邑人尽哀之。朱公独笑曰：“吾固知必杀其弟也。彼非不爱弟，顾少与我俱见苦为生难，故重弃财。至于少弟者，生而见我富，乘坚策肥，岂知财所从来哉！吾遣少子，独为其能弃财也；而长者不能，卒以杀其弟。无足怪者，吾日夜固以望其丧之来也。”

【译文】

越国的陶朱公居住在陶地，生有一个小儿子，已经长大成人，而他的二儿子因为杀了人被囚禁在楚国。朱公说：“杀人偿命，这是常理。然而我听说，富有千金的人家，其子不会暴死在街头。”于是置办千金，打点行李，准备派他的小儿子前去搭救二儿子。陶朱公的长子请求前往，陶朱公不答应，长子急得要自杀。他母亲极力为他说话，陶朱公不得已只好派长子前去，并写了封给过去的好友庄生的信，叮嘱长子说：“到了楚国就把千金送给庄生，任凭他怎么做，千万不要与他争执。”大儿子去后按他父亲说的办了。庄生说：“你赶快离去，不要留在这里。即使你弟弟被放出来，也不要问是怎么出来的。”陶朱公的长子于是假装离去，但仍暗地留在楚国某贵人住所。庄生原本贫穷，但是却以廉洁正直名重当时，楚王以下的官员都把他当老师那样看待。朱公送的金子，庄生没有接受的意思，本想在事情办成后还给他，暂且收下只是用它作为信物罢了。但朱公的大儿子不懂得他的意思，以为他并没什么特别过人之处。庄生趁便拜见楚王，说某星宿对楚国不利，只有实行德政才可以禳除不利。楚王向来信任庄生，立即派人封闭三钱之府。

贵人把楚王第二天要大赦的消息告诉了朱公的长子，朱公长子认为弟弟本来应该出来，千金白白扔掉不值得。于是，又去拜见庄生。庄生吃惊地说：“你怎么还没离去？”朱公长子说：“是的。我弟弟现在遇到大赦就要被赦免，所以特地前来辞别。”庄生知道他的意思，让他自个儿进内室取回千金。庄生羞于被个娃娃耍弄，于是拜见楚王说：“大王想要修德禳除凶星，但外面到处谈论说陶地的富人朱公的儿子杀了人囚禁在楚国，他家的人带了许多金钱贿赂大王身边的人，因此大王大赦并不是怜悯楚国的民众，而是为了特意赦免朱公儿子的缘故。”楚王非常愤怒，下令判朱公儿子的罪，第二天再下达大赦令。于是，朱公长子最终带着弟弟的尸体回到家里。他的母亲以及陶地的人都为这件事悲伤，只有朱公苦笑着说：“我原本知道他必定会使他的弟弟被杀掉的。他不是不爱弟弟，只是从很小的时候和我一起见到了谋生致富的艰难困苦，所以对白白扔掉钱财很看重。至于像他小弟弟那样的人，一出生就看到我富有，只知道乘好车驭好马，哪知道钱财是怎么得来的呢！我派小儿子去，就是因为他能舍弃钱财，而长子不能舍财，因而最终导致他弟弟被杀。没什么奇怪的，我本来日夜等着他扶丧而回呀！”

【原文】

晋王右军少时，大将军王甚爱之，恒置帐中眠。大将军尝先出，右军未起。须臾钱凤入，屏人论事。却忘右军在帐中，便及逆谋。右军觉，既闻所论，知无活理，乃剔吐污头面被褥，诈熟眠。敦论事造半，方意右军未起，相与大惊曰："不得不除之。"及开帐，见吐唾纵横，信其实熟眠，于是得全。

【译文】

晋朝王羲之年少的时候，大将军王敦很喜爱他，常常把他放在帐中睡觉。一次王敦先出去了，王羲之还没有起床。不一会儿，钱凤进来，王敦屏退身边的人，两人开始谈论机密要事。王敦忘记了王羲之还在帐中睡觉，便说到反叛的计划。王羲之醒后，听到了他们所谈论的事，知道自己不可能活命了，于是就把唾沫涂在脸上和被褥上，假装熟睡的样子。王敦与钱凤谈论大事过半，才想起王羲之还没有起床，两人一起大惊道："不得不除掉他。"等到打开帐子，看见他唾沫横流，才相信王羲之确实睡得很熟，于是王羲之得以保全了性命。

【原文】

汉末袁尚、袁熙奔辽东，尚有数千骑。初辽东太守公孙康恃远不服，及曹操破乌丸，或说操遂征之，尚兄弟可擒也。操曰："吾方使康斩送尚、熙首来，不烦兵矣。"九月，操引兵自柳城还，康即斩尚、熙，传其首。诸将问其故，操曰："彼素畏尚等，吾急之则并力，缓之则相图，其势然也。"

【译文】

东汉末年，曹操打败袁绍后，袁绍的儿子袁尚、袁熙投奔辽东，并带有数千兵马。当初，辽东太守公孙康凭着地处偏远，不服曹操。等到曹操攻灭乌丸后，有人劝曹操乘机征讨辽东，就可以擒获袁尚兄弟。曹操说："我正要让公孙康把袁尚、袁熙的头砍下送来，用不着动兵。"九月，曹操带领军队从柳城撤回，公孙康就斩了袁尚、袁熙，派人送来他们的首级。众将问曹操这是什么缘故，曹操说："公孙康向来畏忌袁尚等人，我们急攻，他们就会合力抵抗；我们延缓进攻，他们就会互相图谋，当时的形势就是这样。"

【原文】

宋宗泽以计却金人，念敌众十倍于我，一战而退，势必复来，使夜袭我军则危矣，乃暮徙其营。金果夜至，得空营大惊，自是惮泽。

【译文】

宋朝宗泽用计退了金兵，考虑到敌兵多过我军十倍，但只与我军打了一仗就撤退了，势必还会反扑过来，假若夜间袭击，那我军就危险了。于是在晚上迁移了兵营。金兵果然夜里前来偷袭，结果发现是一座空营，大为惊异。从此以后，金兵十分忌惮宗泽。

【原文】

宋王安石罢相，以吕惠卿参知政事，富郑公有忧色。邵康节曰："岂以惠卿凶暴过安石耶？"曰："然。"康节曰："无忧。安石、惠卿本以势力相合，今势力相敌，将自为仇矣，不暇害他人也。"未几，惠卿果叛安石。

【译文】

宋朝王安石被罢免宰相后，任用吕惠卿处理政事，郑公富弼面有忧色。邵康节问道："难道是因为吕惠卿比王安石凶暴吗？"富弼说："是的。"康节说："你不用担心。王安石、吕惠卿本来是因为权势而结合在一起的，现在吕惠卿与王安石势力相当，他们即将成为仇敌，顾不上去加害他人了。"没过多久，吕惠卿果然背叛了王安石。

【原文】

范雎入秦，至湖关，望见车骑自西来，雎曰："彼来者为谁？"王稽曰："秦相穰侯。"范雎曰："我闻穰侯专秦权，恶内诸侯客，此恐辱我，我宁且匿车中。"有顷穰侯至，劳王稽，因立车而语曰："关东有何变？"曰："无有。"又曰："谒君得无与诸侯客子俱来乎？无益，徒乱人国耳。"稽曰："不敢。"即别去。范雎曰："吾闻穰侯智

士也，其见事迟，乡者疑车中有人，忘索之，此必悔之。”于是范睢下车走，行十余里，果使骑还，索车中，无客，乃已。王稽遂与范睢入咸阳。

【译文】

范睢进入秦国，到达湖关，望见一队车马从西而来。范睢问道：“那边来的人是谁？”王稽回答说：“是秦相穰侯。”范睢说：“我听说穰侯独揽秦国大权，厌恶秦国招纳其他诸侯国的人才，这次遇上他，恐怕他会羞辱我，我宁愿暂且藏在车里。”过一会儿穰侯到了，他慰劳了王稽，随后站在车上问道：“关东形势有何变化？”王稽回答说：“没有什么变化。”穰侯又问：“你拜谒诸侯国君，应该不会带着诸侯客人一块儿回来吧？这对秦国无益，只会扰乱国都。”王稽说：“不敢。”穰侯随即道别而去。范睢说：“我听说穰侯是个聪明的人，只是看事情不够敏捷。他刚才怀疑车中有人，忘记了搜查，这时必定后悔了。”于是范睢下车步行，大约走了十多里，穰侯果然派人骑马返回，搜索车中，看到没有诸侯的客人才罢休。范睢于是与王稽进入了咸阳。

【原文】

魏邓艾与郭淮合兵以拒姜维，维退。淮因西击羌，艾曰："贼去未远，或能复还，宜分诸军，以备不虞。"于是留艾屯白水北。三日，维遣廖化自水南向艾结营。艾谓诸将曰："维今卒还，吾军少，法当来渡，而不作桥，此维使化持吾，必自东袭取洮城矣。"艾即夜潜军，径到洮城。维果来渡，而艾先至据城，得以不破。

【译文】

魏将邓艾与郭淮合兵抗击蜀将姜维，姜维撤退。郭淮于是向西攻打羌人，邓艾说："敌军撤退没有走远，可能会返回来进攻，应当分兵防守，以防备意外。"于是邓艾留下驻扎在白水北岸。第三天，姜维果然派遣廖化率军从白水南岸面向邓艾军营安营扎寨。邓艾对众将说："姜维现在派兵返回，我军人数少，按理敌军应当渡河来攻打我军，但敌军来后不铺架桥梁，这是姜维派廖化来牵制我军，他自己必定率军向东偷袭洮城去了。"邓艾当即晚上派兵，径直赶往洮城。姜维果然渡河来攻，但邓艾先到，占据了洮城，洮城才没有被姜维攻破。

【原文】

唐姚崇与张说同为宰辅，各怀疑阻。张衔之。崇病，戒诸子曰："张丞相与我隙甚深，然其人素行奢侈，尤嗜服玩。吾殁后来吊，汝具陈我平生服玩，罗列帐前。若不顾，汝家族无类矣；若顾之，当录玩用致之。仍以神道碑为请，先砻石以待，既获其文，即时镌刻。张见事每迟，数日后必当有悔，若征碑文，即引视镌石，仍告以闻上。”崇卒，张果至，目其服玩者三。诸子悉如崇戒。张为文叙致该详，时谓极笔。数日，果遣使取本，以为辞未周密，欲加删改。诸子引使者视其碑，并告以奏御。使者还报，张悔恨，抚膺曰：“死姚崇能算生张说，吾今方知才之不及远矣！”

【译文】

唐朝的姚崇与张说，同为宰相，他们各自心怀疑忌，张说更是一直怨恨姚崇。姚崇重病时告诫儿子们说：“张丞相和我之间嫌隙很深，但他这个人平素喜好奢侈，尤其嗜好奇服异玩。我死后，他前来吊唁，你们就把我平生收集的奇服异玩都摆放在帐前。如果他不看这些奇服异玩，那全家都必死无疑；如果他观看这些奇服异玩，你们应当把这些奇服异玩的名目登记起来并送给他。然后就请他给我书写碑文，但你们得事先磨好石碑等待，一旦得到他书写的碑文，就立刻雕刻上去。张说遇事常常反应迟钝，数日之后必定后悔。如果他索要碑文原稿，你们就带他看刻好的石碑，并告诉他已经奏报给皇上了。”姚崇死后，张说果然前来吊唁，并再三地观看了姚崇留下的奇服异玩。姚崇的儿子们就按姚崇嘱咐的那样做了。张说所写的碑文，叙述事迹详实，评价功过完备，时人称为绝妙之笔。过了几天，张说果然派人来索取碑文原稿，说是用辞尚欠周密，想进一步删改。姚崇的儿子们带着使者观看了已经刻好的碑文，并告诉他碑文的内容已奏报给了皇上。使者回来后把情况报告给张说，张说悔恨不已，抚胸叹道：“死姚崇能算计我活张说，我现在才知道我张说的才能远远赶不上姚崇啊！”

处嫌二十六

【提要】

防患未然，避免受人猜疑，成功地消除嫌疑，需要一定的智慧。本卷主要列举了事发之前如何避嫌和猜疑产生之后如何排解的种种方法。

【原文】

君子防未然，不处嫌疑间，嫌疑之于人甚矣哉！周公有流言之避，孔子有微服之行。彼圣且然，矧伊下此？夫长者为行，不使人疑之，顾所以先事而预远之者，则固有道矣。今裒其可述而识者，斯亦前事之师也。

【译文】

君子要善于防患于未然，不使自己处于受嫌疑的境地，因为嫌疑对一个人的危害太大了！周公曾因有人说他要篡夺王位的流言而回避，孔子曾为掩饰自己的身份而微服出行。他们这些圣人尚且如此，更何况我们这些平常人呢？作为师长的行为，之所以不使人怀疑，只是因为他们懂得事先防备而且能预知将来的趋势，这其中本来就有一定的道理。现在我将其中可以遵循而且值得记住的事例，汇集在一起。这也是取其前事不忘、后事之师的用意。

【原文】

秦伐楚，使王翦将兵六十万人，始皇自送之灞上。王翦行，请美宅园池甚众，始皇曰："将军行矣，何忧贫乎？"王翦曰："为大王将，有功终不得封侯，故及大王之向臣，臣亦及时以请园地，为子孙业耳。"始皇大笑。王翦既至关，使使还请善田者五辈。或曰："将军之乞贷亦已甚矣。"王翦曰："不然。夫秦王怚而不信人，今空秦国甲士而专委于我，我不多请田宅为子孙业以自坚，顾令秦王坐而疑我耶？"

【译文】

秦国将要征伐楚国，派大将王翦率军六十万出征，秦始皇亲自送行到灞上。王翦临出发前，向秦王请求赏赐田园、美宅和田地。秦始皇说："将军你放心出发吧！何必担心贫困呢？"王翦回答说："作为大王的将领，就是有功最终也不会封侯，所以趁着大王信任我的时候，我要及时向大王请求田地，作为子孙的产业。"秦始皇听后大笑。王翦到了关口后，又五次派使者回来向秦始皇请求赏赐良田。有人对王翦说："将军您请求赏赐也太过分了吧？"王翦回答说："不是这样的。秦王为人粗暴，不相信他人，现在将全国所有的军队都交给我统领，我如果不

多请求些田地住宅，作为子孙的基业来稳固自己的地位，难道还要坐等秦王来怀疑我吗？”

【原文】

汉高专任萧何关中事，与项羽拒京、索间，上数使使劳苦丞相。鲍生谓何曰：“今王暴衣露盖，数劳苦君者，有疑君心也。为君计，莫若遣君子孙昆弟能胜兵者，悉诣王所。”于是何从其计，汉王大悦。

【译文】

汉高祖将关中的事务全权交给萧何处理，自己亲自率兵与项羽在京、索之间相互对峙。汉高祖多次派使者慰劳萧何。鲍生对萧何说：“现在汉王风餐露宿在外作战，却多次派人来慰问您，这是因为对您有了怀疑。为您考虑，不如在您的子孙兄弟中，选派能够打仗的人，全都送到汉王那里。”萧何听从了鲍生的建议，汉王非常高兴。

【原文】

汉吕后用萧何计，诛韩信。上已闻诛信，使使拜何为相国，益封五千户，令卒五百人、一都尉为相国卫。诸君皆贺，召平独吊曰：“祸自此始矣。上暴露于外，而君守于内，非被矢石之难，而益封君置卫，非以宠君也，以今者淮阴新反，有疑君心。愿君让封勿受，悉以家财佐军。”何从之，上悦。其秋黥布反，上自将击之，数使使问相国何为。曰：“为上在军拊循勉百姓，悉取所有佐军，如陈豨时。”客又说何曰：“君灭族不久矣。夫君位为相国，功第一，不可复加。然君初入关中，得百姓心十余年矣，尚复孳孳得民和。上所为数问君，畏君倾动关中。今君胡不多买田地，贱贳贷以自污？上心必安。”于是何从其计。上还，百姓遮道诉相国，上大悦。

【译文】

西汉时，吕后采用萧何的计策，诛杀了韩信。汉高祖听说已经诛杀了韩信，就派使者拜萧何为相国，又增加五千户封户，还让五百名士兵和一名都尉作为丞相府的卫士。别人全都祝贺萧何，只有召平一个人前来报忧说：“您的灾祸从此开始了。皇上在外面打仗，而您留守后方，不像在战场上那样受兵箭之苦，然而皇上却加封您的职位、安排保卫您的人，这不是皇上宠幸您，而是因为韩信最近反叛，皇上对您产生了疑心。希望您辞让封户不要接受，并且把全部家财拿出来供应军队。”萧何听从了召平的建议，皇上对此非常高兴。这年秋天，黥布反叛，皇上亲自率兵征讨，并多次派遣使者问萧何在干什么。使者回去报告说：“萧相国在为皇上安抚劝勉老百姓，并将全部家产拿来资助军需开支，跟陈豨当时的做法一样。”门客中又有人劝说萧何道：“您离灭族已经不远了。您的职位是相国，功劳已是天下第一，不能够再增加了。然而您从最初进入关中，就很得关中的民心，如今已十余年了，却还在孜孜不倦地谋求老百姓的爱戴拥护。皇上之所以多次派人问您，是担心您倾覆关中。如今，您为什么不多买田地，用低价赊借来故意败坏自己的声誉呢？那样，皇上必定会心安。”萧何采纳了他的计策。当皇上征讨黥布归来，老百姓拦道告发萧何，皇上非常高兴。

【原文】

陈平间行渡河，船人见其美丈夫独行，疑为亡将，腰中当有金宝，数目之。平恐，因解衣，裸而佐刺船。船人知其无有，乃止。

【译文】

陈平潜逃渡河，船主看到他这样一个美男子单独出行，怀疑他是逃亡的将领，腰中一定会藏有金银财宝，多次打量他。陈平感到害怕，于是故意脱掉衣服，光着臂膀帮助船夫划船。船主知道他身上没有金银财宝，就放弃了谋害他的打算。

【原文】

宋韩世忠既罢，杜门谢客，口不言兵，时跨驴携酒，从一二奚童，纵游西湖以自乐，尝议买新淦县官田。高宗闻之甚喜，赐御札，号其庄曰“旌忠”。

【译文】

宋朝的韩世忠被罢官之后，他杜门谢客，口中不再谈论行军打仗的事，常常骑着毛驴，带着酒，让一两个小仆人跟着，纵情游览西湖以取乐，还曾经商议购买新淦县的官田。宋高宗听说这种情况后，非常高兴，赐给他书信，将他住的庄园题名叫“旌忠”。

【原文】

明祖既营大内，而以旧禁赐中山王徐达，达谢不敢。继而觞之大醉，使人扶寝禁内。已而达醒，惊拜床下。帝闻之而喜。

【译文】

明太祖建造好皇宫之后，就将原来的宫殿赐给中山王徐达，徐达推辞不敢接受。接着，明太祖又劝他喝酒，喝得酩酊大醉，明太祖让人将徐达扶进自己睡觉的地方休息。徐达醒来之后，惊慌得趴在床下跪拜。明太祖听说后非常高兴。

【原文】

明兰阳邱琥，山西布政陵之子，商游吴中。尝过丹阳，有人来附舟，直入寝所。琥识其状盗也，佯落簪舟底，尽出其衣箧，铺设而求之。又自解其衣，以示无物，俾家童与之酌酒，夜则自抚其卧侧。明日其人去。未几，杀人于丹阳城中，被缚，乃以其事语人曰："吾几误杀邱公也。"

明休宁邵大维，索逋江右，附孤舟，雨夜泊鄱湖僻处，四无人烟。舟子貌甚不良，邵惧，佯

以失物，呼舟子秉烛，尽检箱箧。知其无物，遂得无恙。

【译文】

明朝兰阳人邱琥，是山西布政使邱陵的儿子，曾经在吴中一带经商。有一次，他路过丹阳，有一个人前来搭船，一直走到他睡觉的地方。邱琥见他的样子很像强盗，就假装将簪子掉在船底下，把自己衣箱中的衣服全部拿出来，铺在地上去找它。他又解开自己的衣服，表示没有什么东西，又让家童给来人斟酒，夜晚还紧靠此人，睡在他的旁边。第二天，那个人离船而去。没过多长时间，此人在丹阳城里杀了人，被抓住，就将他搭船的事告诉别人说："我差点误杀了邱公啊。"

明朝休宁人邵大维，曾经到江东去讨债，搭乘一条孤船。一个下雨的夜晚，船停泊在鄱阳湖偏僻的地方，四周没有人烟。船主的相貌看起来不像是个好人，邱大维非常恐惧，就假装丢失了东西，叫船主拿蜡烛来，把自己的箱子翻了一遍。船主知道他没有什么财物，邵大维因此而得以安全无恙。

【原文】

三国吴孟宗，少从南阳李肃学，后仕为军吏，久之除监州司马，躬自结网捕鱼，作鲊以遗母。母不受，曰："汝为鱼官，而以鲊遗我，岂处嫌之道哉？"宗泣受命，卒著名。

【译文】

三国时期吴国人孟宗，年轻时曾拜南阳人李肃为师，后来成为吴国的军吏，过了很久，才升任监州司马。他曾亲自结网捕鱼，然后做成鲊鱼送给母亲。母亲拒不接受，说："你身为鱼官，却把鲊鱼送给我吃，这难道不是让自己处于受嫌疑的境地吗？”孟宗流泪接受了母亲的训诫，最终成为名人。

平乱二十七

【提要】

本卷列举了成功处理各种变乱的事例，表明面对可能发生或已经发生的各种叛乱、事变，只有镇定自若、沉稳冷静，才能抓住关键、排除祸端、平息事态。

【原文】

扬汤不可止沸，抱薪不可救火。事变乘于仓猝，而方寸先乱，犹治丝而棼，益之纷耳。人扰我静，人忙我闲；坐镇如泰山，应变如流水，则天下复何事不办哉？

【译文】

搅动热水不能制止水沸腾，抱着柴草消除不了火灾。事变起于仓促之际而心绪先乱，这就像理丝而将它弄得更加紊乱一样。别人纷扰而我镇静，别人忙乱而我安闲；镇定自若安如泰山，应变自如恰似流水。只要能做到这样，那么天下还有什么事办不成呢？

【原文】

汉高帝已封功臣一十余人，其余日夜争功不决。上在洛阳南宫，望见诸将往往相与坐沙中偶语，以问留侯。对曰："陛下起布衣，以此属取天下，今为天子，而所封皆故人，所诛皆仇怨，故聚谋反耳。"上曰："奈何？"留侯曰："上平生所憎，群臣所共知，谁最甚者？"上曰："雍齿数窘我。"留侯曰："今急先封雍齿，则群臣人人自坚矣。"乃封雍齿为什方侯。群臣喜曰："雍齿且侯，吾属无患矣。"

【译文】

西汉初年，汉高祖已分封功臣十多人，其余尚未分封的功臣日夜争功不停。当时，汉高祖在洛阳南宫，望见诸将常常一起坐在沙中窃窃私语，因此问留侯张良。张良回答说："陛下您是从平民起兵的，靠着这些人才得到了天下，现在做了天子，而您所分封的都是些老朋友，所诛杀的都是同您有仇怨的人。因此，他们聚集在一起商议发动叛乱。"皇上问道："那该怎么办呢？"张良说："陛下您平生所憎恨的且被群臣们所共知的人中，哪一个最为突出呢？"高祖说："雍齿多次使我难堪。"张良说："现在赶紧先分封雍齿，这样其他的大臣就会对自己将会受封坚信不疑了。”汉高祖于是封雍齿为什方侯。群臣高兴地说：“雍齿尚且被封侯，我们这些人就更用不着担心了。”

【原文】

明嘉靖间，东南倭乱，苏城戒严。忽传寇从西来，已过浒墅。太守率众登城，急令闭门。乡民避寇者万数腾踊门外，号呼震天。任同知环愤然曰：“未见寇而先弃良民，谓牧守何？有事，环请当之。”乃分遣县僚，洞开六门，纳百姓，而自仗剑帅兵，坐接官亭，以遏西路。乡民毕入，良久，而倭始至。所全活甚众，吴民至今尸祝之。

【译文】

明朝嘉靖（1522—1566）年间，东南沿海倭寇侵扰，苏州城戒严。忽然传言倭寇从西而来，已经过了浒墅，太守急忙率领众人登上城楼，命令关闭城门。周围各乡躲避倭寇的百姓有万余人在城门之外急得蹦跳呼喊，号哭震天。同知任环气愤地说：“还没有见到倭寇就先抛弃良民，怎么能够称作太守呢？有责任我来承担。”于是，分别派遣各县的官吏，打开六座城门，接纳百姓。而他自己提剑率兵，坐镇接官亭，阻挡西路来犯的敌人。乡民们全都进城之后，过了好长时间，倭寇才到。这次所保全的人很多，吴地的老百姓至今还在祭祀他。

【原文】

宋薛长孺为漠州通判，戍卒开营门放火杀人，谋杀知州兵马监押。有来告者，知州监押

皆不敢出。长孺挺身出营，谕之曰："汝辈皆有父母妻子，何故作此事？然不与谋者各在一边。"于是皆不敢动，惟本谋者八人突门而出，散于诸县村野，寻捕获。时谓非长孺，则一城之人涂炭矣。钤辖司不敢以闻，遂不及赏。

【译文】

宋朝的薛长孺担任汉州通判时，有守边的士兵曾经打开营门放火杀人，准备谋杀知州兵马监押。有人前来报告这件事，知州兵马监押都不敢走出营门。薛长孺挺身走出营门，告诉这些士兵们说："你们这些人都有父母妻子儿女，为什么要做这种事呢？不想参与这次阴谋的请站在一边。"于是这些士兵都不敢动，只有主谋的八人夺门而逃，逃到了各县的乡村中，不久他们就被全部抓获了。当时人们都说，要不是薛长孺，那么全城的人都要遭殃。钤辖司不敢将这件事奏报朝廷，薛长孺因而没有得到奖赏。

【原文】

宋王忠穆公融知益州，会戍卒有夜焚营纠

军校为乱者，融潜兵环其营，下令曰：“不乱者敛手，出门无所问。”于是众皆出。令军校指乱卒，得十余人，戮之。及旦，人皆不知也。

【译文】

宋朝的忠穆公王融任益州知府时，适逢守边的士兵中有人在夜里焚烧营门，纠集军校作乱。王融悄悄地派兵将他们的营房包围，下令说：“不想作乱的人把手举起来，走出营门后不再追究。”于是众人全都走了出来。王融又命令军校指出作乱的士兵，共抓到十几个人，全部斩首。到天亮时，人们都不知道发生了这件事。

【原文】

魏张辽受曹公命，屯长社。临发，军中有谋反者，夜惊乱火起，一军尽扰。辽谓左右曰：“勿动，是不一营尽反，必有造变者欲以乱动人耳。”乃令军中曰：“不反者安坐。”辽将亲兵数十人，中阵而立，有顷，即得首谋者杀之。

【译文】

魏将张辽接受曹操命令，驻军长社。部队即将开拔时，军营中有

人造反，夜晚乱火四起，全军尽受惊扰。张辽对左右随从说："不要乱动，这不是整个军营造反，必定是那些反叛的人想用放火来扰乱全军。"于是他给部队下令说："不是反叛者请安坐不要动。"张辽亲自率领数十名亲兵，站在中军大营。不一会儿，就抓到反叛的主谋，并诛杀了他们。

【原文】

宋张忠定公泳，知益州，民有诉主帅帐下卒恃势赫取民财者。其人闻之，缒城夜遁。泳差衙役往捕之，戒曰："尔生擒得，则浑衣扑入井中，作逃走投井中来。"是时群党汹汹，闻自投井，故无他说，又免与主帅有不协名。

【译文】

宋忠定公张泳任益州知府时，百姓中有人状告主帅帐下士兵依仗权势，诈取百姓钱财。那个士兵听说后，趁黑夜从城墙上放下绳子逃

跑了。张泳派衙役前往追捕，告诫他们说："你们活捉了此人后，就把衣投入井中，伪装成此人逃走后投井的样子。"当时，他的同党喧扰不安，听说此人投井后，也就不再借口闹事。这样，张泳又使自己避免了与主帅不和的罪名。

息纠纷二十八

【提要】

平息纠纷，替他人排忧解难可促进人际关系的和谐。本卷收集了一些善于抓住时机、巧妙调解矛盾、平息纠纷的事例。

【原文】

宋寇准在藩镇生辰，造山棚大宴，排设如圣节仪，晚衣黄道服，簪花，为人所奏。帝怒，谓王旦曰："寇准每事欲效朕。"旦微笑徐对曰："准许大年纪尚呆耶。"真宗意解，曰："然，此正是呆尔。"遂不问。

【译文】

宋朝的寇准在藩镇过生日，搭起了彩饰的大棚，大宴宾客，摆设得如同皇帝的仪式一般，晚上身穿黄袍道服，头上插着花。结果此事被人奏报到朝廷，皇帝非常生气，对王旦说："寇准做事总想效法我。"王旦微笑着慢慢回答说："寇准这么大把年纪了，还那样痴呆。"宋真宗顿时怒气消解，说道："对！他正是个呆子。"于是不再追问。

【原文】

明成祖时，广东布政徐奇入觐，载岭南藤簟，将以馈廷臣。逻者获其单目以进上，视之无杨士奇名，乃独召之问故。士奇曰："徐奇自都给事中受命赴广时，众皆作诗文送之，故有此馈。臣时有病，无所作，不然亦不免。今众名虽具，受否未可知。且物甚微，当亦无他。"上意解，即以单目付中贵，令毁之。

【译文】

明成祖时，广东布政使徐奇进京朝见皇帝，他装载了岭南出产的藤编席子，准备送给朝中大臣。巡察的人截获了他即将送礼的名单上报给皇上。皇上发现上面没有杨士奇的名字，于是单独召见杨士奇询问缘由。杨士奇回答说："徐奇从京都给事中的职位上受命去广东任职时，京城的官员都做诗文赠送给他，所以才有他这次的馈赠。我当时有病，没有做诗文，要不然他也会送给我的。现在众人的名字虽然全都在礼单上出现了，但是否接受他的礼品还不知道。何况礼品非常微薄，应该没有什么别的意思。"皇上的疑虑消除了，就将名单交给宦官，让他们烧掉了。

【原文】

明梅少司马衡湘，初仕固安令。固安多中贵，狎视令长，稍强项则与之争，公平气以待。有中贵操豚蹄饷公，乞为征负。公为烹蹄设饮，使召负者前，呵之。负者诉以贫，公叱曰："贵人债何债，而敢以贫辞乎？今日必偿，徐之死杖下矣。”负者泣而去。中贵意似恻然，公觉之，乃复呼前，蹙额曰：“吾固知汝贫甚，然无知何也，亟鬻尔子与尔妻持镪来。虽然，吾为汝父母，何忍使汝骨肉骤离？姑宽汝一日夜，与妻子诀，此生不得相见矣。”负者闻言愈泣，中贵亦泣，辞不愿征，为之破券。嗣是中贵家征负，皆从宽焉。

【译文】

明朝的少司马梅衡湘，初任固安县的县令。固安县多宦官，他们轻视县里的长官，经常故意刁难，而梅公则心平气和地对待他们。有一次，一个宦官拿了猪蹄送给梅公，请梅公替他收取债务。梅公为他煮好猪蹄，摆好饭菜请他吃，然后派人召来欠债的人责问。欠债人诉说自己贫困，梅公斥责说：“贵人的债是什么样的债，你怎敢用贫穷来推卸呢？今天你必须偿还债务，再拖延就叫你死在棍棒之下。”欠债人哭泣着离开了，宦官似乎有了恻隐之意，梅公发觉了这一点，又将欠债人叫到跟前，皱着眉头说道：“我本来也知道你家特别贫穷，但是我实在出于无奈。你赶快去卖了你的孩子和妻子，把钱拿来。虽然这样，我作为你们的父母官，怎么能忍心让你们骨肉分离？姑且宽限你一天一夜，让你同妻子儿女告别，这一辈子你们再也不能相见了。”欠债人听到这里哭得更加厉害，那宦官也跟着哭了，表示不愿再催逼讨债了，并撕毁了债券。从此以后，凡是宦官人家讨债的，全都从宽索要。

【原文】

国初泰兴柳敬亭，以说平话擅名，吴梅村为之立传。马进宝镇海上，招至署中。一日侍饭，马饭中有鼠矢，怒甚，取置案上，将候饭毕，穷治膳夫。进宝残忍酷虐，杀人如戏。柳悯之，乘间取鼠矢啖之，曰："是黑米也。"进宝既失其矢，遂已其事。

【译文】

清朝初年，泰兴人柳敬亭以擅长说平话而著名，吴梅村曾为他立传。马进宝镇守海上时，将柳敬亭请到官署中。有一天柳敬亭陪同马进宝吃饭，马进宝在饭中发现老鼠屎，非常生气，将老鼠屎放在饭桌上，准备在吃完饭之后，狠狠惩治厨师。马进宝为人残忍暴虐，杀人如同儿戏。柳敬亭同情厨师，乘机取过老鼠屎将其吃掉，说："这是一粒黑米。"马进宝见老鼠屎没有了，只得作罢。

【原文】

汉景帝时，梁孝王使人刺杀故楚相袁盎。帝召田叔案梁，具得其事。时太后忧梁事，不食，日夜泣不止。田叔还至霸昌厩，尽烧梁狱词，空手来见。帝曰："梁有之乎？"对曰："死罪有之。"上问："其事安在？"叔曰："上无以梁事为间也。今梁王不伏诛，是汉法不行也；伏法而太后食不甘味，卧不安席，此忧在陛下也。"上大然之，使叔等谒太后曰："梁王不知也。为之者，幸臣羊胜、公孙诡之属耳，梁王无恙也。"梁惧，因上书请来朝谢罪。太后大喜。至，相泣，复如故。

【译文】

西汉景帝时，梁孝王派人刺杀原楚王相袁盎，景帝委派田叔核实梁孝王刺杀案，全部事实都搞清楚了。当时，窦太后担忧梁孝王的事，不吃饭，日夜不停地哭泣。田叔回到霸昌厩，将梁孝王案件的材料全都烧了，空手来见景帝。景帝问："梁孝王有罪吗？"田叔回答说："他有死罪。"景帝又问："证据在什么地方？"田叔说："请皇上不要参与梁孝王的案子。现在梁孝王如果不服罪，朝廷的法律就无法推行；如果梁孝王服罪，太后就会食不甘味，卧不安席，这只会给陛下带来忧愁。"景帝深深地感到田叔说得很对，就让田叔等人去拜见太后，并说："刺杀袁盎的事梁孝王不知道。干这事的人，是梁孝王的宠臣羊胜、公孙诡等人，梁孝王没有什么过错。"梁孝王为此感到十分害怕，因而上书请求来朝廷谢罪。窦太后闻讯后大喜。梁孝王到后，她与梁孝王、景帝抱头痛哭。从此以后，景帝与梁孝王仍然同过去一样亲密。

诡智二十九

【提要】

本卷收录了古人使诈设谋、巧为机变、出奇制胜以摆脱困境、获得成功的故事。

【原文】

大丈夫行事，光明磊落，如青白日，岂屑为机变之巧哉？顾世道日漓，阴谋获济，晋文且竟以谲而霸，盖所由来久矣。间观载籍，上自贤俊，下逮奸雄，胸中饶智数，遇事具机权，洵有别才，正不得概为抹倒。

【译文】

大丈夫做事，应当光明磊落，有如青天白日一般，怎能去干欺诈巧伪的事呢？但是社会风气一天天败坏，搞阴谋的人反倒能够成功，像晋文公尚且最终用诡诈而成就霸业，可见诡智由来已久。我闲时翻看古代典籍，发现上自贤才俊杰，下至奸雄，胸中都多有谋略心计，遇事能随机应变，确实是别具才干，这是不能一概抹杀的。

【原文】

伍员奔吴，至昭关，关吏欲执之。伍员曰："王所以索我者，以我有美珠也。今执我，我将言尔取之。"关吏因舍焉。

【译文】

伍子胥从楚国投奔吴国，逃到昭关时，守关的官吏想抓他。伍子胥说："楚王之所以搜捕我，是因为我身上带有美丽的珍珠。现在如果你抓住我，我就说你拿走了。"守关的官吏于是放了他。

【原文】

孙子同齐使之齐，客田忌所，忌素与齐诸公子逐射。孙子见其马足不甚相远，马有上中下，乃谓忌曰："君第重射，臣能令君胜。"忌然之，与王及诸公子逐射千金。及临质，孙子曰："今以君之下驷与彼上驷，取君上驷与彼中驷，取君中驷与彼下驷。”既驰三辈毕，田忌一不胜而再胜，卒得五千金。

【译文】

孙膑随同齐国的使者一起到了齐国客卿田忌的住所，田忌向来喜欢与齐国的贵族子弟赛马赌博。孙膑看到他们的马足力相差不多，都有上、中、下三等，就对田忌说：“您尽管下大赌注，我能让您获胜。”田忌相信孙膑的话，就和齐王及其他贵族子弟赛马，并以千金为赌注。等到比赛时，孙膑说：“现在用您的下等马，去与他们的上等马比赛；用您的上等马，与他们的中等马比赛；再用您的中等马，与他们的下等马比赛。”三次比赛之后，田忌只有一次没有取胜，最终获得了五千金。

【原文】

汉北海相孔融，闻太史慈避地东海，使数人馈问其母。后融为黄巾兵所围，慈适还，闻之，即从间道入围见融。融使告急于平原相刘备。时兵围已密，众难其出。慈乃带鞬弯弓，将两骑自从，各作一的持之，开门出，观者并骇。慈径引马至城下堑内，植所持的，射之，射毕还。明日复然，如是者再。围下人或起或卧，乃无复起者。慈遂严行蓐食，鞭马直突其围，比贼觉，则驰去数里许矣。竟从备乞兵解围。

【译文】

东汉末年，北海相孔融听说太史慈为躲避灾祸而移居东海，就派了好几个人拿着礼物去问候他的母亲。后来孔融被黄巾军围困，太史慈正好回到家里，听说之后，马上从小道冲进包围圈中去见孔融。孔融派他去向平原相刘备告急。当时敌军的包围圈很严密，众人都认为不容易冲出去。太史慈带着盛弓的鞬，拉满弓，让两名骑兵跟随自己，各做一个箭靶用手拿着，打开城门冲了出去，观看的人都吓住了。太史慈径直驰马来到城下的壕沟内，竖起所拿的箭靶，开始射箭，射完之后又返回来。第二天又是这样，一连几天都是如此。开始时围城的人有的站起来，有的卧在地上，到后来再也没人站起来观看了。太史慈于是装束好，吃得饱饱的，扬鞭策马直接突围而出，等到敌人反应过来时，太史慈早已跑出好几里路了。最后终于从刘备那里求到救兵解了围。

【原文】

汉末程昱守鄄城，兵仅七百人。曹操闻袁绍在黎阳将南渡，欲以兵三千益之，昱不肯，曰："袁绍拥十万众，自以所向无前，今见昱兵少，必不来攻；若益以兵，则必攻，攻则必克。"袁绍果以昱兵少，不肯攻。操谓贾诩曰："程昱之胆，过于贲育。"

【译文】

东汉末年，程昱防守鄄城，只有七百名士兵。曹操听说袁绍在黎阳准备南渡，想派三千名士兵去增援程昱，程昱不肯。他说："袁绍拥有十万兵马，自认为所向无敌，现在看到我的兵很少，必定不会来攻打我；如果给我增加了兵力，他就必定会来攻打我，若攻打必定是他获胜。"袁绍果然因为程昱的兵少，不愿来攻。曹操对贾诩说："程昱的胆量，超过孟贲、夏育两位勇士。"

奇谋三十

【提要】

关键时刻使用奇谋异策可以取得意料不到的效果。本卷所述的故事涉及到社会生活的诸多方面:或以奇思妙想鼓舞士气,或以奇谋伟略应对叛乱,或施狡计以揣度君心,或欺诳使诈以结交权贵,或行骗算命以谋财取利。我们可从中借鉴君子之手段,洞悉小人之伎俩。

【原文】

魏武帝行役,失汲道,军皆渴。乃令曰:"前有一梅林,饶子,甘酸可以解渴。"士卒闻之,口皆出水,乘此得达泉源。

【译文】

魏武帝曹操有次在行军途中,找不到水源,全军都很口渴。曹操于是告诉全军说:"前面有片梅子林,有很多梅子,酸甜可口,可以用来解渴。"士兵们听说之后,全都流出了口水。借助这个办法,全军到达了有泉水的地方。

【原文】

宋丁谓既窜崖州,其家寓洛阳。尝作家书,遣使致之洛守刘烨,祈转付家,戒使者曰:"伺烨会僚众时呈达。"烨得书遂不敢隐,即以闻帝。

启视，则语多自刻责，叙国厚恩，戒家人无怨望。帝感恻，遂徙雷州。

【译文】

宋朝时的丁谓被放逐到崖州之后，他的家人还居住在洛阳。他曾写家信派使者送到洛阳太守刘烨那里，请求刘烨转交给他家人。使者临行前他告诫说："你要趁刘烨会见他的部下时将信呈送上去。"刘烨接到信后，不敢隐瞒，将它交给皇上。皇上拆开信阅读，见信中有很多自我责备的话，还讲述了国家对自己的深厚恩情，并告诫家人不要有怨恨情绪。皇上读后动了恻隐之心，于是将丁谓改为放逐雷州。

【原文】

宋时，南俗尚鬼。狄武襄征侬智高时，大兵始出桂林之南，因佯祝曰："胜负无以为据。"乃取百钱自持，与神约："果大捷，则投此钱，尽钱面。"左右谏止："倘不如意，恐阻师。"武襄不听，万众方耸视，已而挥手一掷，百钱皆面，于是举兵欢呼，声震林野。武襄亦大喜，顾左右取百钉来，即随钱疏密，布地而帖钉之，加以青纱笼，手自封焉，曰："俟凯旋，当酬神取钱。"其后平邕州远师，如言取钱，幕府士大夫共视，乃两面钱也。

【译文】

宋朝时，南方有崇尚鬼神的习俗。狄青征讨侬智高时，大兵刚到桂林的南部，就假装向鬼神祝祷说："不知这次出征能否取胜，请神灵明确显示。"于是，取来一百枚钱币拿在手中，与神灵相约道："如果此次出征能大获全胜，那么我抛投下去的这些钱币的正面都向上。”身边的人都劝他不要这么做，因为倘若投出来的结果不如意的话，恐怕会动摇军心，狄青不听。正当万众瞩目时，只见狄青挥手一掷，一百枚钱币全都正面朝上，于是全军欢呼，声震林野。狄青也极为高兴，叫身边的人取来一百个钉子，依照钱币的疏密，将钱币钉在地上，然后用青纱盖好，亲手将它们封存起来，并说：“等到胜利归来，定当酬谢神灵，取走这一百枚钱币。”后来，狄青平定了邕州，军队胜利归来时，就按照当时所说的取回了钱币，幕府中的士大夫们一起观看时才发现，原来这些钱币的两面都是正面图案。

【原文】

汉平陵孟他，尽以家财赂张让监奴。奴惭，问所欲，他曰：“欲得卿曹拜。”时宾客求见让者，车尝数百乘，累日不得通。他后至，诸奴迎拜，径将他车独入。众谓他与让善，争以物赂他，他得赂让。

【译文】

东汉平陵人孟他，曾将自己的全部家财拿出来贿赂张让的奴仆。奴仆接受后感到不好意思，问他想得到什么，孟他说：“我想在我来到张让门前时受到你们的迎拜。”当时求见张让的宾客很多，门外车子有数百辆，好几天都得不到张让的接见。孟他最后到，奴仆们都上前迎拜，径直引着孟他的车单独进去。大家都以为孟他与张让关系密切，争着用财物贿赂孟他，孟他得到这些财物后，又用它们贿赂张让。

【原文】

齐王夫人死，有七孺子皆近，薛公欲知王所立，乃献七珥，美其一。明日视美珥所在，劝王立为夫人。

【译文】

齐王的夫人死了，有七个妃嫔都受到齐王宠爱，薛公想知道齐王将立谁为夫人，于是献给齐王七块珠玉做的耳环，其中有一块最美。第二天，他看见最美的耳环被谁戴着，就劝说齐王立之为夫人。

【原文】

赵王李德诚镇江西，有日者称世人贵贱一见辄分。王使女伎数人与其妻滕国君，同妆梳服饰立庭中，请辨良贱。客俯躬而进曰："国君头上有黄云。"群伎不觉皆仰视，日者因指所视者为国君。

【译文】

赵王李德诚镇守江西时，有个占卜算命的人，声称世人的贵贱，他只要看一眼就可分辨出来。李德诚让几名女艺人与他的妻子滕国君，以同样的梳妆打扮，穿戴同样的服饰站立在厅堂之中，请他来分辨贵贱。算命的人弯着腰向前边走边说："国君头顶上有黄色的瑞气。"乐伎们都不约而同地向国君头上看，算命的人于是指着被看的人说，她就是国君。

【原文】

明时濠州定远县一弓手，善用矛。有一偷

亦精此技，每欲与决生死。一日弓手因事至村，值偷正在市饮，势不可避，遂曳矛而斗，观者如堵，久之各未能进。弓手忽谓偷曰："尉至矣，我与尔皆健者，汝敢与我尉前决生死乎？"偷曰："诺。"弓手应声刺之而毙，盖乘其隙也。

又有人曾遇强寇，斗方接刃，寇先含水满口，忽噀其面，其人愕然，刃已抵胸。后有一壮士，复与寇遇，已先知噀水之事，寇复用之，反为所刺。

【译文】

明朝濠州定远县有一名弓箭手，善于使用长矛。有一个小偷也精通此道，想要与弓箭手一决生死。一天弓箭手因为有事到村里，正赶上小偷在集市上喝酒，当时情势无法回避，于是弓箭手拿长矛与小偷决斗，旁观的人围得水泄不通，斗了很久双方也未能分出胜负。弓箭手忽然对小偷说："县尉来了，我和你都是勇健之人，你敢和我在县尉面前一决生死吗？"小偷说："好的。"弓箭手应声而刺，刺死了小偷，这是乘他分心不备而获胜的。

又有人曾遇到了凶猛的强盗，刚刚交手，强盗事先在口中含满了水，忽然喷到对手的脸上，那个人正在惊愕之中，刀刃已经刺进了胸膛。后来，有一个壮士又和那个强盗相遇，他已事先知道强盗喷水之事，强盗再用这种方法时，反而被壮士刺杀。

【原文】

金陵有卖药者，车载大士像问疾，将药从大士手中过，有留于手不下者，则许人服之，日获千钱。有少年子欲得其术，俟人散后，邀饮酒家，不付酒钱，饮毕竟出，酒家如不见也，如是三。卖药人叩其法，曰："此小术耳，若许相易，幸甚。"卖药人曰："我无他，大士手是磁石，药有铁屑，则积矣。"少年曰："我更无他，不过先以钱付酒家，约客到绝不相问耳。"彼此大笑而罢。

【译文】

金陵有个卖药的人，用车装载着大士像给人看病，他把药从大士像手中送过去，如果留在大士像手上，就让人服下去，这样每天卖药可获利千钱。有个年轻人想学到这个招术，等人们散去之后，他便邀请卖药的人到酒店去喝酒，喝完不付酒钱，径自离去，酒家却好像没有看见一样，他们多次喝酒都是如此。卖药人叩问他的绝招，他回答说："这是小招术，您如果答应交换我俩招术，我将很荣幸。"卖药人说："我没有什么别的招术，大士像的手是磁石做的，药里面含有铁屑，这样药就会停留在大士像手上。"年轻人说："我更没有什么绝招，只不过是先把钱付给酒家，约好客人来了之后，他就再不提付钱的事了。"两人于是大笑而去。

【原文】

梁谯国夫人，高凉冼氏女，归罗州刺史子宝。宝世为守牧，他乡羁旅，号令不行。夫人戒约宗属，参决辞讼，自此政令有序。遇侯景反，广州都督萧勃征兵援台。高州刺史李迁仕遣召宝，宝欲往，夫人止之曰："刺史被台召，乃称有疾，铸兵聚众，而后唤君往，必留质，追君

兵众。愿且勿行，以观其势。”数日迁仕果反，遣主帅杜平虏将兵入灨石。夫人曰：“平虏与官军相拒，势未得还；迁仕在州，无能为也。宜遣使卑词厚礼，云身未敢出，愿遣妇请参。彼闻之喜，必无防虑，我将千余人，步担杂物，倡言输款，得至栅下，贼必可图。”宝从之。迁仕果不设备，夫人击之，迁仕遂走。夫人总兵，与陈霸先会于灨石。后宝卒，岭表大乱，夫人怀集百越，数州晏然。

【译文】

南朝梁代的谯国夫人，是高凉冼氏的女儿，嫁给了罗州刺史冯融的儿子冯宝。冯宝世代为郡守，但他在异地他乡为官，号令常常不能推行。谯国夫人告诫并约束宗族，参与案件审理，从此以后，政令畅通有序。当时，正遇上侯景反叛，广州都督萧勃征兵援助台府。高州刺史李迁仕派人召请冯宝，冯宝准备前去。夫人劝阻他说：“高刺史被台府召请，却声称有病不能前往。而他自己铸造兵器，聚集人马，然后召请你去。你若是前去，必然被他扣留作为人质，然后他就会迫使你交出你的兵马。希望你暂且不要去，以静观事态的发展。”没有几天，李迁仕果然反叛，并派遣主帅杜平虏率兵攻入了灨石。夫人又说：“杜平虏与官兵对抗，一时间不会回到高州；而李迁仕在高州也无能为力。现在应该派使者前去，卑词厚礼，就说你自己不敢亲自参战，先派遣夫人前来参战。李迁仕听到这个情况，必定高兴，而且不会加以防备。到时我率领一千多人，担着各种杂物步行前去，宣称是来给他送军饷。等到达他军营的栅栏之后，就可以袭击他了。”冯宝同意了这个计策。李迁仕果然没有防备，谯国夫人率兵攻击他，李迁仕便逃跑了。夫人整顿兵马，与陈霸先在灨石会师。后来，冯宝死后，岭南大乱，谯国夫人又对百越实行怀柔政策，所有各州都安然无事。

【原文】

宋种世衡，知渑池县，旁山有庙，世衡葺之，其梁重大，众不能举。世衡乃令县干剪发如手搏者，驱数对于马前，云欲诣庙中教手搏。倾城人随往观。既至，谓观者曰："汝曹先为我致庙梁，然后观手搏。"众欣然趋下山，共举之，须臾而上。

【译文】

宋朝种世衡曾担任渑池知县，县衙旁边的山上有座庙，种世衡修葺这座庙时，所需用的屋梁又重又大，许多人都抬不起来。种世衡就命令县里的衙役们剪掉头发，装扮成徒手搏击的人，让他们走在自己的马前，说是要到庙中传授徒手搏斗。全城的人都跟随他们前往观看。到了庙前，种世衡对前来观看的人说："你们先替我把庙的大梁抬上山来，然后再观看徒手搏斗。"大家都欣然下山，一起将庙梁抬起，不一会儿就抬上来了。